Allergenfrei essen

W0084729

Dr. med. Gisela G. Rauch-Petz

Was wirklich hilft

Allergenfrei essen

Als Allergiker mit Genuss schlemmen

INHALT

Allergiker müssen bei der Medikamentenwahl vorsichtig sein.

Kamut, ein ägyptisches Getreide, kann Weizen ersetzen.

Soja kann für Milchallergiker eine Alternative sein.

Auch Entspannungstechniken können Hilfe bieten.

Allergierisiko Nahrung

Des einen Brot ist des anderen Tod – so sagt der Volksmund. Dass unsere Nahrungsmittel Krankheiten auslösen können, vermutete bereits Hippokrates 400 Jahre v. Chr. Er verdächtigte Milch und Käse. Im 19. Jahrhundert konnte der Arzt Dr. Quincke Eier als Verursacher von Schleimhautschwellungen im Mund- und Rachenbereich ausfindig machen. Nach ihm ist das allergische Quincke-Ödem benannt. Viele Jahre führte die Erforschung der Nahrungsmittelunverträglichkeiten ein kümmerliches Dasein, so dass wir heute vergleichsweise erst ein Erkenntnisstadium erreicht haben, das dem der allgemeinen Allergologie vor etwa 50 Jahren entspricht. Dies hängt mit der Tatsache zusammen, dass die Nahrungsmittelallergie zu den problematischsten Fragestellungen in der Allergologie gehört.

Dass häufiger Lebensmittelallergien diagnostiziert werden, hängt auch mit der Wissenszunahme über diese schillernde Symptomenvielfalt zusammen, so dass heute öfter Zusammenhänge erkannt und richtig eingeordnet werden.

Unverträglichkeiten sind auf dem Vormarsch

Das BGVV (ehemals Bundesgesundheitsamt) in Berlin beobachtet seit Jahren eine kontinuierliche Zunahme der Unverträglichkeitsreaktionen. Einen entscheidenden Einfluss haben sicherlich die veränderten Lebensbedingungen. Immer häufiger werden regelmäßig und recht vorbehaltlos Abführmittel, Schmerzmittel und Antibiotika eingenommen, selbst bei geringen Beschwerden. Hinzu kommt der häufige Griff ins Regal mit den Fertiggerichten, die oft Zusatzstoffe wie Emulgatoren, Eindickmittel und Farbstoffe enthalten.

Von allen diesen Stoffen ist bekannt, dass sie die Dünndarmschleimhaut durchlässiger machen können und so Unverträglichkeiten den Weg bereiten. Diese Medikamente und sonstigen Hilfsmittel für die Nahrungsmittelzubereitung wurden vor 50 Jahren noch nicht in dieser enormen Menge und Häufigkeit dem Organismus einverleibt. Hinzu kommt der steigende Verzehr exotischer Früchte und sonstiger Nahrungsmittel, an die unser Magen-Darm-Trakt und damit auch unser Immunsystem noch nicht gewöhnt sind.

Eine neue Volkskrankheit

Es gibt wenige Erkrankungen, deren schnelle Zunahme die Expertenwelt derart in Aufruhr versetzt wie die steigende Zahl an Allergien. In den letzten 25 Jahren nahm der Anteil derer mit Heuschnupfen von drei auf zwölf Prozent der Bevölkerung zu, der von allergischen Asthmapatienten von vier auf zehn Prozent. Es herrscht Einigkeit darüber, dass der Gipfel der Erkrankung noch nicht erreicht ist und sich die Zahlen weiter steigern werden. Gelegentlich finden sich bereits Angaben, dass 20 Prozent der Menschen, also jeder Fünfte, in den westlichen Industriestaaten irgendeine Form von Allergie hat. Das wären in Deutschland fast 17 Millionen. Die Allergie droht zur Epidemie des 21. Jahrhunderts zu werden.

Nahrungsmittelallergien treten am häufigsten im Alter von 20 bis 30 Jahren, vor allem bei Frauen, auf. Sie sind zwei- bis dreimal sooft betroffen wie Männer.

Vorbeugung ist die beste Wahl

Die Chance, die heute jeder hat, liegt darin, sich das notwendige Wissen anzueignen, wie der Körper auf Schadstoffe oder belastende Situationen reagiert. So können entsprechende Maßnahmen ergriffen werden, um einerseits die Belastungen zu senken und andererseits das Immunsystem wieder zu stärken. Wenn wir uns darum Tag für Tag ein ganzes Leben lang bemühen, dann wird uns dies unser Organismus mit Gesundheit, Fitness und Dynamik danken. Dieses Kursbuch soll ein erster Wegweiser dazu sein und motivieren, Eigeninitiative zu entwickeln.

Eine breite Palette an Allergiebeschwerden wird ausgelöst durch ganz alltägliche Nahrungsmittel. Dieses Kursbuch wird den Betroffenen helfen, wieder unbeschwert einkaufen und genießen zu können.

Wenn das Immunsystem verrückt spielt

Die Rolle der Gene

In unseren Genen ist festgeschrieben, wie gut unser Immunsystem funktioniert. Haben Großeltern, Eltern oder Geschwister schon Erkrankungen, die durch Fehlreaktionen des Immunsystems ausgelöst wurden, so ist es sehr wahrscheinlich, dass wir diese Erbanlage ebenfalls in uns tragen. Im Folgenden wird erklärt, welches die wichtigsten Zellarten unseres Immunsystems sind, wie unsere Abwehr im Darm funktioniert und welche allergischen Reaktionen bisher bekannt sind.

Es gibt mittlerweile keinen Menschen mehr auf dieser Welt mit derzeit rund sechs Milliarden Einwohnern, der frei von Schadstoffen ist. Jeder Säugling bekommt über die Mutter einen Teil ihrer Pestizidvorräte mit, allen voran das DDT, das mit zu den stabilsten Schädlingsbekämpfungsmitteln gehört. Einmal in die Umwelt gebracht, verbleibt es dort für die nächsten 50 bis 100 Jahre. Unsere Nachkommen werden also bereits mit einem Schadstofferbe geboren, zu dem im Lauf des Lebens noch mehr hinzukommt.

Ein Kind mit einem gerade noch gesunden Immunsystem kann durch die alltägliche Schadstoffbelastung in einen Bereich abrutschen, bei dem die Abwehr nicht mehr ausreichend funktioniert.

Der Aufbau der Körperabwehr

Unser Immunsystem besteht aus einer Ansammlung von vielen unterschiedlich arbeitenden Zellen, die im ganzen Körper verteilt sind. Je nach Bedarf wandern sie an die Orte, wo sie gebraucht werden, wenn z. B. Bakterien oder Viren unsere Gesundheit bedrohen.

Den umfangreichsten und größten Arbeitsplatz haben diese winzig kleinen Zellen in unserem Darm, wo sie akribisch genau überwachen, welche Stoffe aus dem, was wir gegessen haben, in unseren Körper aufgenommen werden dürfen und welchen der Zutritt unter allen Umständen verweigert werden muss. Jede einzelne Mahlzeit bedeutet Arbeitsstress für die Immunzellen, die an vorderster Front in der Darmwand ihren Dienst verrichten. Nimmt ihre Produktivität ab, weil die Zahl geringer wird oder Fehlreaktionen bzw. Fehlsteuerungen zu einer unzureichenden Leistung führen, dann können sich daraus verschiedene Erkrankungen entwickeln – allen voran die Unverträglichkeit von bestimmten Lebensmitteln.

Unendlich variabel – die T-Lymphozyten

T-Lymphozyten sind wichtige Zellen, die zur Immunabwehr gehören. Damit ein T-Lymphozyt ein Antigen (körperfremder Stoff) erkennen kann, braucht er eine Andockstelle (Rezeptor) auf seiner Oberfläche, die genau zum Antigen passt. Da vorher nicht planbar ist, welche Antigene in den Körper eindringen, hat sich die Natur ein Prinzip ausgedacht, das mit dem Zufall arbeitet. Jeder T-Lymphozyt bildet einen speziellen Rezeptor, der sich von allen anderen Rezeptoren unterscheidet. Die Vielfalt erinnert an die unendliche Varianz der Kristallbildung bei Schneeflocken. Keine ist identisch zur anderen. Genauso verhält es sich mit den Rezeptoren auf den T-Lymphozyten. Man schätzt, dass der Mensch Lymphozyten mit ca. 100 000 000 (100 Millionen) verschiedenen Rezeptoren bildet.

Die Thymusdrüse spielt eine entscheidende Rolle bei der Entwicklung des Immunsystems im Kindesalter. Bei Säuglingen und Kleinkindern ist das Organ in der Relation viel größer als beim Erwachsenen, nach der Pubertät bildet es sich zurück und verliert weitgehend seine Funktion.

Schutz gegen einen Angriff von innen

Diejenigen unreifen, »kindlichen« Lymphozyten, die zufällig Rezeptoren (Andockstellen) auf der Oberfläche haben, in die körpereigene Partikelchen passen, sterben ab. Dieser Vorgang wird Apoptose genannt. Es ist der Selbstmord der Zelle, die sich selbst eliminiert, um nicht für körpereigenes Gewebe schädlich zu werden. Diese Phase der Reifung ist notwendig, um diejenigen Zellen herauszufinden, die gegen körpereigenes Gewebe vorgehen würden. Somit reifen nur diejenigen Zellen aus, die »Immunität« gegenüber dem Organismus haben. Dieser Vorgang wird als klonale Deletion bezeichnet. Nur immune Lymphozyten dürfen den Thymus (Immunorgan hinter dem Brustbein) verlassen. Sie wandern von dort aus zu den verschiedenen Abwehrstationen im Organismus, um ihre Aufgabe verrichten zu können.

Der Lebensweg eines T-Lymphozyten

Ähnlich einem Kind im Mutterleib reift die Stammzelle des Lymphozyten im Knochenmark heran. Für die Erziehung, also die Ausreifung, muss er das Knochenmark verlassen und in das Immunorgan Thymus wandern. Dort lernt er zunächst, Freund und Feind zu unterscheiden. Die Schule, die er durchläuft, ist hart. Je nachdem, mit welchen Antigenstrukturen der T-Lymphozyt Kontakt bekommt, tötet er entweder eine Zelle, die z. B. mit Viren infiziert ist, ab, oder er aktiviert andere Immunzellen. Er gibt also die Information, die er über einen Eindringling erhalten hat, an andere Verteidigungseinrichtungen weiter.

Fresszellen leisten Vorarbeit

Der ausgereifte T-Lymphozyt verlässt den Thymus, um seine Aufgaben an den Orten der Immunabwehr zu erfüllen. Gerade ist er über die Blutbahn angereist und bei einem Lymphknoten angelangt, als er bereits auf eine Fresszelle (Makrophage) trifft. Diese präsentiert ihm ein Antigen, das genau auf seinen Rezeptor passt. Zuvor hat der Makrophage bereits wertvolle Arbeit geleistet. Er hat sich das Antigen einverleibt und in kleine Teilchen aufgespalten. Das ist nötig, damit der Lymphozyt das Antigen auch erkennen kann. In dieser vorbereiteten Form übergibt die Fresszelle das Antigen, begleitet von »HCA-Molekülen«, unserem T-Lymphozyten. Dieser wird durch den Vorgang zu einem so genannten aktivierten Lymphozyten.

Die so genannten Fresszellen (Makrophagen) reifen im Knochenmark heran. Sie sind beweglich und wandern in verschiedene Organe und Körpergewebe ein, wo sie sich niederlassen und je nach Standort weiter spezialisieren.

So erkennt die Abwehr Antigene

Mit Unterstützung eines Mitarbeiters (Interleukin IV) leitet er den »bösen Buben« (Antigen) ins Registrierbüro (B-Zelle oder auch B-Lymphozyt), wo die Erkennungsmerkmale in Form von so genannten IgE-Antikörpern gespeichert werden. Mit Hilfe der Antikörper ist dieser böse Bube jederzeit wieder zu erkennen. Ein B-Lymphozyt, der Antikörper produziert, wird Plasmazelle genannt. Die Erkennungsmerkmale (IgE) werden jetzt an alle Polizeistationen (Mastzellen im Gewebe) und den Polizeipatrouillen auf den Straßen (basophile Zellen in der Blutbahn) weitergegeben. Die IgE-Antikörper fixieren sich auf der Zelloberfläche von Mastzellen. Dringt das Antigen erneut in den Organismus ein, so erkennen es die IgE-Antikörper.

Es sind jedoch zwei IgE-Antikörper auf der Zelloberfläche notwendig, zwischen denen das Antigen festgehalten wird. Erst durch diese Art Brückenbildung wird der Vorgang der »Degranulierung« ausgelöst. Das bedeutet, die Mastzelle setzt diejenigen Substanzen frei (Histamin, Prostaglandin D2, Leukotrien B4 usw.), die die allergischen Symptome auslösen. Es kommt also erst beim zweiten Kontakt mit dem Antigen zu den unangenehmen allergischen Reaktionen.

Mastzellen setzen Abwehrstoffe frei

Die Aufgabe der Polizeistation (Mastzelle) ist es, durch bestimmte Substanzen Unterstützung für die Abwehr anzufordern. So werden durch Stoffe, die aus den Mastzellen freigesetzt werden, die lokale Durchblutung und die Durchlässigkeit der Gefäßwände erhöht. Es sammelt sich dadurch nicht nur Flüssigkeit im Gewebe an, sondern auch weitere Immunzellen (polymorphkernige Leukozyten).

Stoffe wie Histamin, Serotonin und Leukotriene führen zu einem Zusammenziehen der Muskulatur in den Bronchien und im Darm. Ziel ist es, dadurch den Eindringling (Antigen oder auch ein Bakterium) aus dem Körper auszustoßen. Eine erhöhte Schleimsekretion, Husten bzw. Durchfall und Erbrechen sind die Folge. Nur leider war in diesem geschilderten Fall der Eindringling kein Feind, sondern ein harmloses Eiweißteilchen aus Sojabohnen, das diese Reaktion ausgelöst hat. Man nennt sie auch Typ-I-Allergie.

Jede Mahlzeit ist eine »biochemische Invasion« und eine Auseinandersetzung des menschlichen Organismus mit Fremdantigenen.

Der Darm – unser größtes Immunorgan

Haben Sie schon einmal darüber nachgedacht, dass unser Immunsystem nicht nur für die Abwehr von Krankheitserregern wie Bakterien und Viren wichtig ist? Mindestens genauso bedeutsam ist seine Aktivität im Zusammenhang mit der Aufnahme von Nahrung. Bei jeder Mahlzeit muss sich unser Körper mit fremden Stoffen wie Fleisch, Gemüse, Obst, Getreide, Kartoffeln, Reis, Mais, Lebensmittelzusatzstoffen usw. auseinander setzen.

Der gesamte Verdauungstrakt ist so strukturiert, dass er die wichtigste Arbeit, nämlich die Zerlegung der Nahrung in Grundbausteine und deren Aufnahme in unseren Lymph- bzw. Blutkreislauf, bestens durchführen kann. Vereinfacht dargestellt, besteht unser Verdauungsorgan aus einem ca. fünf bis sieben Meter langen Muskelschlauch, der vom Mund bis zum After reicht.

An einigen Stellen ist dieser Schlauch ausgebeult, so z. B. im Magenteil oder im Dickdarmbereich. In seiner ganzen Länge ist er von zarter Schleimhaut ausgekleidet, die immer feucht sein muss, da trockene Schleimhäute ihre Funktion nicht mehr erfüllen können.

Kurzgefasst – die Funktion der T-Lymphozyten

- T-Lymphozyten sind Zellen des Immunsystems, die infizierte Zellen abtöten oder andere Abwehrzellen aktivieren. Nach dem Zufallsprinzip entsteht auf jedem T-Lymphozyten ein individueller Rezeptor. So zirkulieren im Körper ca. 100 Millionen verschiedene T-Lymphozyten. Für fast jedes Antigen, das in den Körper eindringt, liegt ein fertiger Rezeptor vor.
- Um nur solche reifen Lymphozyten zu haben, die »fremd« und »eigen« unterscheiden können, wird der Selbstmord einer unreifen Zelle während der Reifungsphase ausgelöst, wenn sie einen Rezeptor entwickelt hat, auf den körpereigene Strukturen passen.
- Fresszellen zerlegen Eindringlinge oder antigene Substanzen in Stücke passender Größe. Dann wird das Antigen einem T-Lymphozyten präsentiert, dessen Rezeptor passt.
- Der durch diesen Kontakt aktivierte T-Lymphozyt gibt seine Information an eine B-Zelle weiter, die sich daraufhin in eine Plasmazelle umwandelt und spezifische Antikörper der Klasse IgE gegen das Antigen produziert und ausschüttet. Die IgE-Antikörper haften sich an der Oberfläche von Mastzellen an.
- Wenn das Antigen erneut in den Organismus gelangt und Kontakt zwischen zwei IgE-Molekülen auf der Mastzelle bekommt, schüttet die Zelle eine Menge an aktiven Substanzen aus. Diese können zu Gewebeschwellungen, Erbrechen, Durchfall, Husten und Luftnot führen, mit denen der Körper versucht, den Eindringling loszuwerden.
- Ist die Fremdsubstanz jedoch harmlos, dann handelt es sich nicht um die Abwehr von krank machenden Erregern, sondern um eine Typ-I-Allergie.

Eine Vielzahl von körperlichen Reaktionen muss ineinander greifen, damit ein Antigen richtig erkannt und abgewehrt werden kann. Das komplizierte System der Immunabwehr kann durch zahlreiche innere und äußere Einflüsse gestört werden.

Der Transport der Nahrung

Ohne dass es uns bewusst ist, steuert unser so genanntes vegetatives Nervensystem Tag und Nacht die Bewegung dieser langen Muskelröhre. Wenn wir einen Bissen schlucken, dann löst dies ein Zusammenziehen der Speiseröhrenmuskulatur aus, die sich wie eine Welle von oben nach unten bis in den Magen fortpflanzt. Von dort aus läuft die Welle langsam weiter bis in den Mastdarmbereich, wo sie zum Stillstand kommt. Wie beim Meer, wo eine Welle sofort der nächsten folgt, so ist es auch im Verdauungstrakt. Je mehr und üppiger wir essen, umso heftiger werden die Wellenbewegungen. Der Inhalt des Schlauchs dehnt den Muskel, wodurch ein Reiz entsteht, der das Zusammenziehen (Kontraktion) auslöst. So wird der Nahrungsbrei weiter transportiert.

Aufregung und innere Anspannung können die Wellenbewegung der Darmmuskeln, die so genannte Peristaltik, lähmen. Nach altem biologischem Reflex melden Stresshormone dem Körper, dass sämtliche Energien für Flucht und Abwehr gebraucht werden statt für die Verdauung.

Aufspaltung in Grundbausteine

Wenn der Verdauungsapparat gesund ist, also richtig funktioniert, dann werden diejenigen Bausteine aus der Nahrung geholt, die der Körper braucht, der Rest wird ausgeschieden.

Die Eiweißgrundbausteine sind im Wesentlichen bei Mensch, Tier und Pflanze gleich. Nur die Art der Zusammensetzung der Eiweißbausteine, der lebenswichtigen Aminosäuren, ist unterschiedlich. Diese Aminosäuren erhält der Körper, indem er tierisches oder pflanzliches Eiweiß mit Hilfe von Enzymen (Proteinasen) zerlegt. Wenn der Körper Stärke (z. B. aus Getreide oder Kartoffeln) verdaut, dann bleiben für den Organismus Zuckermoleküle als Grundbausteine übrig.

Die Chemiefabrik im Körper

Der Zucker in unserer Nahrung ist sehr einfach aufgebaut. Er besteht aus nur zwei Grundbausteinen, die bereits im Mund durch Bestandteile des Speichels gespalten werden können. Der Körper braucht also hier nicht viel zu tun.

Die Fette dagegen muss er, weil sie in Wasser nicht löslich sind, erst durch spezielle Enzyme (Lipasen) umwandeln. Dabei entstehen zum Teil die so genannten Seifenformen (= Natrium- und Kaliumsalze der Fettsäuren). Diese fördern zusammen mit den Gallensäuren die Emulgierung der Fette, d. h. ihre Aufspaltung in feinste Tröpfchen. Dadurch sind sie in Wasser löslich und können so von den Darmzellen resorbiert und im Blut transportiert werden.

Der Dünndarm – Umschlagplatz für Nährstoffe

Die Verdauung geschieht in Mund, Magen und dem oberen Teil des Dünndarms. Im Dickdarm wird der Nahrungsbrei nur noch durch den Entzug von Wasser eingedickt. Resorptionsvorgänge, also die Aufnahme von Nahrungsbestandteilen, spielen hier kaum eine Rolle. Die brauchbaren Nahrungsinhaltsstoffe dringen im Wesentlichen über die Dünndarmschleimhaut in unseren Körper ein.

Der Darm ist nicht nur ein riesiges, sondern auch ein höchst sensibles Organ. Er ist mit mehr Nervenzellen ausgestattet als z. B. das Rückenmark, nämlich mit ca. 100 Millionen.

Damit diese Nahrungsaufnahme möglichst effektiv geschehen kann, muss die Oberfläche sehr groß sein. Dieses Problem ließe sich z. B. mit einem 100 Meter langen Darm lösen – oder aber mit einem Trick der Natur: Die Schleimhautoberfläche hat hohe Falten, auf denen wiederum Falten und darauf erneut Falten sind. Würde man mit einem Bügeleisen diese Schleimhautfaltenlandschaft glatt bügeln, so hätte man die enorme Größe von etwa 200 Quadratmeter.

Auf dieser Fläche spielen sich Tag für Tag wichtige Resorptionsvorgänge und mindestens ebenso wichtige immunologische Erkennungs- und Abwehrmechanismen ab. Die Aktivitäten auf diesem Feld ähneln quasi einem Schlachtfeld, auf dem alle Eindringlinge wie unsere Nahrung, Bakterien, Viren, Pilze und Schadstoffe sich unserer strengen Immunabwehr stellen müssen.

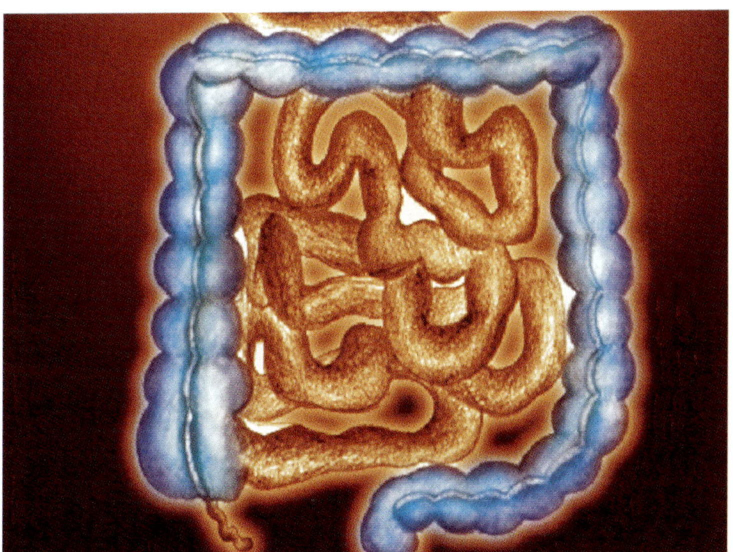

Die Abbildung zeigt außen den Dickdarm, innen den Dünndarm. Dieser unterteilt sich in drei Abschnitte: Zwölffingerdarm, Leerdarm und Krummdarm, die zusammen zwischen drei und sechs Liter Fassungsvermögen haben.

Das Immunsystem im Dünndarm

An den Stellen im Körper, wo ein Austausch mit der Umwelt abläuft, tummelt sich immer ein Heer von Schutztruppen des Immunsystems. So finden wir sowohl Abwehrzellen wie T- und B-Lymphozyten, Plasmazellen und Makrophagen, von denen insgesamt jeder Mensch ca. 50 Billionen hat. Es sind auch riesige Zentren von Abwehreinrichtungen unter der Dünndarmschleimhaut vorhanden, militärischen Festungen vergleichbar, die so genannten Peyerschen Plaques. Von diesen Gebilden haben wir ca. 100 bis 250 im Darm. Sie können mehrere Quadratzentimeter groß werden. Im Gegensatz zur übrigen Darmschleimhaut haben sie keine Falten.

Den Peyerschen Plaques kam der Schaffhauser Anatom Johann K. Peyer (1653–1712) auf die Spur. Bei Typhusinfektionen treten sie beetartig hervor und zerfallen unter Geschwürbildung. Ihre wichtige Funktion für die Immunabwehr wurde erst später erkannt.

Erkennungsdienst für Eiweißteilchen

Direkt über diesen Plaques liegen die so genannten M-Zellen. Sie ragen domartig in das Innere des Darms hinein. Wenn ein teilverdauter, noch fremd wirkender Eiweißpartikel Kontakt zu einer M-Zelle bekommt, dann stülpen sich faltenartige Ausläufer (Pseudopodien) wie Fangarme über den Partikel. Gleichzeitig sinkt die Zelle wie ein Aufzug in die Tiefe ab und schleust dabei das Eiweißteilchen in die tiefen Schichten der Darmschleimhaut.

Dort wartet eine Heerschar von Immunzellen (B-Lymphozyten) darauf, den Partikel zu identifizieren. Ein als fremd erkanntes Eiweißteilchen löst die Aktivierung eines B-Lymphozyten aus, der wiederum Informationsstoffe bildet, mit denen er weitere Zellen des Immunsystems (z. B. Makrophagen) informiert und aktiviert.

Eine Immunzelle, die fremdes Material erkannt hat, kann also diese Information sofort an weitere Zellen des Immunsystems abgeben und diese dadurch in Alarmbereitschaft versetzen.

Enzyme dürfen passieren

Über die M-Zellen werden – und das ist das Besondere – große Moleküle aufgenommen, die an anderer Stelle nicht passieren können. So hat sich gezeigt, dass nicht nur komplette Bakterien, Viren und Hefen somit direkt in den Blutkreislauf eingeschleust werden, sondern auch Enzyme. Nachgewiesen hat man dies für Bromelain, das Enzym der Ananas, welches durch die Verdauungssäfte nicht angegriffen wird. Vielmehr nimmt es der Körper mit seiner vollen enzymatischen Aktivität auf. Das ist nur möglich, wenn der Eiweißanteil des Enzyms noch intakt ist. Auch andere pflanzliche Enzyme gelangen so unbeschadet über den Magen- und Darmtrakt direkt in unsere Blutbahn.

Das Immunsystem lernt ständig dazu

Wenn wir z. B. einen Liter Vollmilch trinken, dann kann man danach ca. sechs Gramm vollständig intakte Kuhmilcheiweiße im Blut wiederfinden. Erstaunlicherweise reagiert aber unser Immunsystem nicht mit einer allergischen Reaktion, wie dies bei unverdautem Eiweiß (Proteine) der Fall sein müsste. Es sind also ganz besondere Vorgänge, die hier in kleinem Umfang ablaufen. Doch wo liegt der Sinn dieser gesteuerten Aufnahme von antigenem Material? Es wird spekuliert, dass unser Organismus bzw. das Immunsystem hierüber erfährt, welche Stoffe sich im Darm befinden. Dazu müssen eben geringe Mengen antigener Stoffe in den Blutkreislauf überwechseln.

Ein Körper, der eine möglichst große »Immuntoleranz« hat, nimmt weniger antigen wirkende Stoffe auf als ein Organismus, dessen Immunsystem nur wenige solcher Stoffe kennt.

Die Reaktion gegen fremde Eindringlinge

Findet sich der antigene Stoff, in unserem Fall das Eiweißpartikelchen, bei der nächsten Mahlzeit erneut im Nahrungsbrei, dann läuft folgende Reaktion ab:

- Es wird bereits an der Darmschleimhautoberfläche die Fremdartigkeit des Partikels erkannt.
- Antikörper, in diesem Fall IgA-Antikörper, werden gegen den entlarvten Eindringling gebildet.
- Es kommt zu einer Verklumpung zwischen dem Antigen, also dem Eiweißpartikelchen, und dem Antikörper.
- Der so entstandene Komplex aus Antigen und Antikörper haftet an der Dünndarmschleimhaut an. In diesem Zustand kann der Komplex von den Verdauungssäften abgebaut werden.

Damit wird klar, dass ein Körper, dessen Immunsystem möglichst viele antigen wirkende Partikelchen kennt, diese Teilchen schon im Darm abfangen kann und es zu keiner Aufnahme in den Blutkreislauf kommt. Auch wenn weiterhin kleine Mengen fremder Eiweißpartikelchen über die M-Zellen in den Körper eingeschleust werden, löst dies trotzdem keine allergische Reaktion aus. Der Organismus baut durch diese kleinen Antigenmengen eine »Immuntoleranz« auf. Er verträgt dadurch viele antigene Stoffe.

Entzündungen verursachen Störungen

Jede entzündliche Erkrankung des Dünndarms vermehrt die Aufnahme von großen Molekülen deutlich. Die Darmschleimhaut ist in diesem Moment mit einem Sieb vergleichbar, das große Löcher bekommen hat. Jetzt treten auch an anderen Stellen als den dafür ausgerüsteten M-Zellen im Darm ungesteuert und unkontrolliert größere Eiweißpartikel (Proteinpartikel) ins Blut über. Dadurch kommt es zu einer Störung im Immunsystem.

Antibiotika strapazieren die Abwehr

Eine ähnliche Reaktion findet auch unter der Einnahme von Medikamenten statt, die die Immunabwehr unterdrücken (z. B. Cyclosporin A oder Chemotherapie bei Krebserkrankungen). Unter diesen Umständen steigt die Konzentration an Fremdproteinen im Blut enorm an.

Vielfach unbekannt ist, dass auch andere häufig eingenommene Medikamente unser Immunsystem strapazieren. So lösen bestimmte Antibiotika (so genannte zytotoxische), die Bakterien abtöten, die Freisetzung von Giftstoffen aus den Bakterien aus (Endotoxine). Diese wiederum erhöhen die Durchlässigkeit der Darmschleimhaut. Eine Schwäche im Immunsystem ist die Folge.

Werden hingegen Antibiotika eingesetzt, die Bakterien nur in der Vermehrung hemmen (bakteriostatisch), dann ist die Giftfreisetzung gering, und der Schaden an der Schleimhaut hält sich in Grenzen.

Trotz ihrer ungünstigen Wirkung auf das Immunsystem ist es manchmal unumgänglich, Antibiotika einzunehmen. In diesem Fall darf man die Therapie nicht vorzeitig abbrechen: So überleben Erreger, die sich erneut vermehren können.

Schleimhäute werden durchlässiger

Wer Kortisonpräparate einnehmen muss, erhöht dadurch ebenfalls die Durchlässigkeit seiner Schleimhäute, indem die M-Zellen geschädigt werden. Es entstehen dadurch innere Wunden an den Darmschleimhäuten, die den Aufnahmevorgang der Nahrungsbestandteile vehement stören.

So wird der Körper unkontrolliert mit fremden, antigen wirkenden Stoffen einschließlich Bakterien und Viren überschwemmt. Sogar Pollen- und Samenpartikelchen wurden schon im Blut nachgewiesen. Der Entwicklung von Allergien gegen Medikamente, Pollen und Nahrungsmittel ist somit Tür und Tor geöffnet.

Genauere Hinweise zur allergisierenden Wirkung zahlreicher Medikamente finden Sie ab Seite 47.

Kurzgefasst – der Darm als größtes Immunorgan

- Der gesamte Verdauungstrakt ist ein ca. fünf bis sieben Meter langer Schlauch, der mit Schleimhaut ausgekleidet ist.
- Die Oberfläche des Dünndarms hat riesige Ausmaße durch mehrfache Fältelung seiner Schleimhaut.
- Die gesunde Schleimhaut lässt nur bestimmte Stoffe in den Blutkreislauf.
- Eine Ausnahme stellen die M-Zellen dar. Sie sitzen auf riesigen Immunzellnestern und haben die Aufgabe, größere Partikel, die antigen wirken, gezielt und kontrolliert einzulassen.
- Eine Heerschar von Immunzellen erkennt die fremdartige Struktur und wird dadurch aktiviert. Weitere Immunzellen werden durch Ausschüttung von Botenstoffen informiert.
- Es kommt zur Bildung bestimmter Antikörper gegen diese antigenen Partikelchen. Sie sammeln sich an der Darmschleimhaut an.
- Erscheint das gleiche antigene Partikelchen wieder im Darm, wird es sofort von diesen Antikörpern erkannt.
- Die beiden bilden durch Aneinanderheften einen Antigen-Antikörper-Komplex, der von Verdauungsenzymen im Dünndarm aufgelöst wird. Dadurch baut der Körper eine Immuntoleranz auf, die verhindert, dass zu viele antigene Substanzen in den Körper gelangen.
- Die Darmschleimhaut kann Löcher bekommen. Auslöser sind Medikamente wie Aspirin, Antibiotika, Zytostatika oder der häufige Verzehr von Fertiggerichten mit Emulgatoren sowie Eindickmitteln.
- Auch bei einer Darminfektion dringen antigen wirkende Nahrungsbestandteile oder Bakterien, Viren und Pilze in den Blutkreislauf ein und lösen dort eine allgemeine Immunantwort aus, die sehr unterschiedlich ausfallen kann.

Die zwei wichtigsten Darmfunktionen sind die mechanische Zerlegung der Nahrung und deren Aufnahme sowie die Regulation der immunologischen Vorgänge, die an der Schleimhaut ablaufen.

Der Einfluss der Psyche auf Nahrungsmittelallergien

Es ist allgemein bekannt, dass anhaltende Sorgen oder depressive Verstimmungen die Anfälligkeit für Krankheiten steigern. Für die Schwächung des Immunsystems durch psychische Einflüsse gibt es viele eindrucksvolle Belege.

Ähnlich wie wir Menschen uns direkt im Gespräch oder über Telefon und Briefe miteinander austauschen, funktioniert auch der Informationsfluss in unserem Körper zwischen den Nervenzellen und dem Immunsystem.

Verkabelt durch das Nervensystem

So wie in einem Computer die verschiedenen Schaltkreise miteinander verkabelt sind, so finden wir Nervenleitungen, die vom Gehirn bis zu den Immunorganen wie z. B. Thymusdrüse, Darmschleimhaut, Lymphknoten, Leber, Milz, Rachenmandeln usw. reichen. Die in Geweben konzentrierten Abwehrzellen werden über ausgedehnte feinste Nervengeflechte erreicht, die in den Blutgefäßwänden verlaufen.
Als Software wird beim Computer der Teil bezeichnet, der Funktionen des Computers nach einem vorgegebenen Programm miteinander verknüpft, so dass dadurch bestimmte Arbeiten verrichtet werden. Je nach Bedarf kann eine unterschiedliche Software im Computer gespeichert werden, um so über unterschiedliche Funktionen zu verfügen. Das Softwareprogramm wird in unserem Körper durch Botenstoffe des Nervensystems organisiert, wie beispielsweise Noradrenalin, Azetylcholin sowie den dazu passenden Andockstellen (Rezeptoren) an den Immunzellen. Zusätzlich steuern in diesem System die Botenstoffe der Immunzellen (wie Zytokine) und deren Rezeptoren an den Nervenzellen (Neuronenketten) das Softwareprogramm.

Die Kommunikationswege

Nervenzellen sind also mit den Organen und Geweben, in denen sich Immunzellen hauptsächlich finden, sowohl verkabelt als auch über Informationsträger, die im Blut zirkulieren, verbunden. Die Kommunikation innerhalb eines menschlichen Organismus ist dem Informationsaustausch in einem Konzern vergleichbar. Telefonleitungen verlaufen hier von der obersten Managementetage zu den verschiedenen Büros. Daneben gibt es noch den persönlichen Informationsaustausch zwischen den Mitarbeitern und über die Hauspost. So können Informationen beständig über den Stand bestimmter Aktivitäten oder Ereignisse an die Konzernzentrale überbracht werden, und nachdem sie dort neu bewertet und verarbeitet wurden, als neue Botschaft bzw. Arbeitsanweisung zurückfließen. Genauso funktioniert der Austausch zwischen den Immunzellen (Mitarbeiter) und der Psyche (Softwareprogramme) sowie dem Nervensystem und unserem Gehirn (entspricht den Telefonleitungen von der Konzernzentrale zu den Mitarbeitern).

Stetiger Austausch von Botenstoffen

So können die benachbarten Immunzellen den direkten Informationsaustausch untereinander pflegen und über die nahe vorbeilaufenden feinsten Nervenenden Botschaften bis in die Gehirnzentrale weiterleiten. Umgekehrt kann von dort wiederum eine Rückmeldung bis an die Immunzellen erfolgen. Die Psyche greift hier ein, indem wir unter bestimmten Stimmungen wie z. B. Ärger oder Glück unterschiedliche Botenstoffe produzieren, die sowohl an Nervenzellen als auch direkt an die Immunzellen andocken können. Umgekehrt kann eine Immunzelle, wenn sie durch ein Antigen aktiviert wurde, ihrerseits Botenstoffe herstellen, mit denen sie andere Immunzellen informieren kann. Zusätzlich schickt sie Botenstoffe zu den Nervenzellen, um Informationen bis ins Gehirn weiterzuleiten.

Der Informationsaustausch in unserem Körper ist ebensolchen Pannen unterworfen wie in einem Betrieb. Da kommt es zu Missverständnissen, Leitungsblockaden oder Fehlanschlüssen, die zu mehr oder weniger großen Störungen führen.

Stress und das Immunsystem

Unter akuten Stresssituationen lässt sich ein Anstieg der Abwehrlage nachweisen. Das Stresshormon Adrenalin aktiviert vorrangig, gewissermaßen als erste Verteidigungslinie, die natürlichen Killerzellen, und zwar so intensiv, dass selbst, wenn die Adrenalinspiegel schon wieder normal sind, deren Aktivität noch erhöht ist.

Anders sieht es hingegen unter chronischer Stressbelastung aus, die bei vielen Menschen eher der Realität entspricht. Im Vergleich zu ausgeglichenen Personen reagiert das Immunsystem von Stresspersönlichkeiten nicht mehr auf eine akute Stresssituation. Es ist durch die Dauerbelastung quasi schon abgestumpft.

Fazit: Wer seinem Körper nicht die nötige Entspannung gibt, der läuft Gefahr, dass er auf gesundheitsschädigende Substanzen oder dergleichen nicht mehr ausreichend reagieren kann. Dort, wo man seinen schwächsten Punkt hat, reagiert der Körper zuerst mit Krankheit.

Psyche und Allergien

Die Tatsache, dass manche Allergiker bereits beim Anblick eines Fotos mit einer blühenden Wiese zu niesen anfangen, hat die Frage aufgeworfen, ob Allergien ausschließlich durch einen allergisch wirkenden Stoff ausgelöst werden oder ob auch die Psyche einen nicht zu unterschätzenden Einfluss hat.

Dauerstress entsteht nicht so sehr durch die von außen herangetragenen Anforderungen als durch den inneren Unwillen, diesen nachzukommen. Eine mit Interesse und Anteilnahme erbrachte Anstrengung stellt keinen Stress dar, so wie umgekehrt auch Langeweile und innere Leere zu einer Stresssymptomatik führen können.

Interessant sind hierzu einige Untersuchungen, die mittels »Konditionierung« von Patienten durchgeführt wurden. Hierunter versteht man die gezielte Verknüpfung eines Reizes mit einem andersartigen zweiten Reiz, so dass die körperliche Reaktion, die allein mit dem ersten Reiz ausgelöst wird, auch dann auftritt, wenn nur der zweite Reiz erfolgt, der erste jedoch unterbleibt.

Versuche mit neutralen Reizen

So ließ man Menschen, die auf Hausstaub allergisch reagierten, unter Versuchsbedingungen dieses Antigen, den Hausstaub, einatmen. Daraufhin stellten sich umgehend die bekannten Beschwerden ein. Dies wiederholte man unter den gleichen Bedingungen, allerdings mit dem Unterschied, dass man den Allergikern gleichzeitig ein neuartig schmeckendes, gefärbtes Getränk gab. Daneben wurde den Versuchspersonen Nasensekret entnommen und auf ein Enzym hin untersucht, das in bestimmten Immunzellen bei einer allergischen Reaktion vermehrt auftritt (Mastzellentryptase).

Die Technik der Konditionierung

Wurde diesen Allergikern in der dritten Studienphase nur das neue, unbekannte Getränk verabreicht, dann ließ sich bereits ein Anstieg dieses Enzyms nachweisen, das sonst nur vermehrt während eines Heuschnupfenanfalls produziert wird. Diesen Vorgang der Verknüpfung eines neutralen Reizes (z. B. dem Getränk) mit einer körperlichen Reaktion (z. B. allergische Reaktion) wird Konditionierung genannt.
Sie lässt sich heute gezielt einsetzen. Wir wissen jedoch nicht genau, wo im Netzwerk der Psychoneuroimmunologie (= Lehre von der Verknüpfung von Immunsystem, Nerven und Psyche) diese Konditionierung stattfindet. Sie ist individuell unterschiedlich stark ausgeprägt. So arbeiten Wissenschaftler daran, Techniken zu entwickeln, mit deren Hilfe das Immunsystem stimuliert oder auch gehemmt werden kann.

Kurzgefasst – die Psyche und das Immunsystem

- Wir können durch unsere Psyche das Immunsystem sowohl aktivieren als auch hemmen. Umgekehrt kann ein geschwächtes Immunsystem unsere Psyche derart beeinflussen, dass wir uns z. B. depressiv, müde oder reizbar fühlen.
- Experten gehen mittlerweile davon aus, dass Erkrankungen wie Allergien, Asthma und selbst Morbus Alzheimer von einer Störung der Kommunikation zwischen Immun- und Nervensystem begleitet sind.
- Körperliche Symptome lassen sich gezielt verbinden mit neutralen Stimuli wie Bildern oder Gerüchen. Wahrscheinlich gelingt es schon in naher Zukunft, gewünschte körperliche Reaktionen des Immunsystems mit neutralen Reizen zu koppeln, so dass der Patient, sooft er will, diese Reaktion seines Körpers allein durch den neutralen Reiz auslösen kann.
- Dieser als Konditionierung bezeichnete Vorgang ist dafür verantwortlich, dass manche Pollenallergiker bereits beim Anblick eines Fotos mit blühender Wiese zu niesen anfangen. Sogar ein Pelzmantel aus Kunstfell kann nach diesem Prinzip eine Tierhaarallergie nachahmen, auch wenn der Patient nie mit Tierhaaren in Berührung kam.
- Auch die althergebrachte Volksweisheit des »Gesundlachens« erscheint in diesem Zusammenhang in einem neuen Licht. Medizinisch zwar nicht endgültig erwiesen, spricht doch einiges dafür, dass ein Körper, der durch negative Stimmungseinflüsse Allergien entwickeln kann, umgekehrt durch eine positive innere Einstellung, Lachen und Fröhlichkeit sein Immunsystem deutlich harmonisieren und im Kampf gegen allergische Erkrankungen unterstützen kann.

»Alles Einbildung!« ist heute noch häufig die abwertende Reaktion, wenn Allergiker bereits bei der Schilderung einer blühenden Wiese ein Kribbeln in der Nase verspüren. Vielleicht wird es bald möglich sein, diese seelische Verknüpfung auch zur Unterdrückung allergischer Reaktionen einzusetzen.

Typen allergischer Reaktionen

Fehlalarm im Körper

80 bis 90 Prozent aller Allergien betreffen den so genannten Typ I, der Typ II spielt im Zusammenhang mit Lebensmitteln keine Rolle, Typ III und Typ IV sind eher selten. Der Typ IV ist von der Art der Reaktion dem Typ I verwandt und wird vor allem durch Medikamente und Metalle ausgelöst, der Typ III eher durch Fremdeiweiß.
Schließlich gibt es auch noch Pseudoallergien, Intoleranzen bzw. Histaminosen und Enzymdefekte. Hier handelt es sich um nicht immunologische Reaktionen, die Beschwerden wie die klassischen Allergien auslösen. Aus diesem Grund ist es nicht einfach, sie voneinander zu unterscheiden. Es erfordert aufwändige Untersuchungsmethoden, um eine sichere Diagnose zu treffen (siehe Seite 106ff.).

Allergische Reaktionen vom Typ I können bedrohlich auftreten, machen es aber meist leicht, den Verursacher zu finden. Durch die schnelle Reaktion ist es einfacher nachzuvollziehen, was man zuvor zu sich genommen hat oder womit man in Berührung gekommen ist.

Immunologische Reaktionen vom Typ I und Typ II

Die Soforttypallergie

Die Typ-I-Allergie ist die vermutlich häufigste Reaktion und wird auch als Soforttypallergie bezeichnet. Sie ist an den Symptomen zu erkennen, die sowohl einzeln als auch kombiniert auftreten können. Je nach Schweregrad und Intensität kann sich daraus ein lebensbedrohlicher Zustand mit der Gefahr von Erstickung innerhalb von Sekunden bis Minuten entwickeln. Zu den häufigen Symptomen gehören Übelkeit, Erbrechen, Durchfälle und ein juckender Hautausschlag, der zusammen mit Schwellungen auftritt. Die Nase läuft, die Bindehaut der Augen ist gerötet. Asthmaanfälle und Schwellungen im Nasen-Rachen-Bereich können lebensbedrohliche Erstickungsanfälle auslösen.
Bei dieser Reaktion bildet das Immunsystem beim Erstkontakt mit dem Antigen die Antikörper dagegen, ohne dass es dadurch zu Symptomen kommt (siehe Seite 13). Dies geschieht erst beim Zweitkontakt mit dem Antigen. Die Antikörper, die bei dieser Reaktion entstehen, werden als IgE-Antikörper bezeichnet. Es handelt sich hierbei um so genannte Immunglobuline E.

Einteilung der Allergiereaktionen

- Giftige Reaktionen: Sie treten z. B. nach dem Verzehr von Giftpilzen auf oder durch Bakteriengifte wie beim Botulismus, einer lebensbedrohlichen Erkrankung durch verdorbene Lebensmittel.
- Nicht giftige Reaktionen: Hierunter werden alle übrigen körperlichen Reaktionen eingeordnet, also diejenigen, die entweder über das Immunsystem laufen oder das Immunsystem umgehen.
- Immunologische Reaktionen: Lebensmittel können im Körper Allergien vom Typ I, Typ III und Typ IV auslösen (nach Coombs und Gell, 1968).
- Nicht immunologische Reaktionen: In diese Klasse gehören die Pseudoallergien sowie alle anderen Symptome, die nicht in ein klar definiertes Reaktionsmuster passen.

Die Typ-II-Allergie

Diese Reaktion läuft ab, wenn eine falsche Blutgruppe übertragen wird. Sie wird deshalb auch als Serumkrankheit bezeichnet. Typisch ist die Bildung von IgG-Antikörpern. Diese binden sich an die fremden Blutzellen und lösen dadurch deren Zerstörung aus.
Es kommt zum massiven, lebensbedrohlichen Blutzellzerfall (Hämolyse). Bei der Entwicklung einer Nahrungsmittelunverträglichkeit spielt diese Allergieform keine Rolle.

Die Entwicklung einer Typ-III-Allergie durch eine dauernde Überschwemmung des Körpers mit Antigenen kommt hauptsächlich bei bestimmten Berufsgruppen vor, die über einen langen Zeitraum hinweg jeden Tag mit dem allergisierenden Stoff in Berührung kommen.

Die Typ-III-Allergie – Irrtum der Körperabwehr

Hier stehen so genannte Immunkomplexe (= mit Antikörpern verbundene Antigene) im Mittelpunkt des Geschehens. Wird der Organismus häufig antigen wirkenden Substanzen ausgesetzt, so schafft es der Körper nicht mehr, die entstandenen Immunkomplexe durch Fresszellen (Phagozytosezellen wie z. B. Makrophagen) abzuräumen und zu vernichten. Da hier meist Antikörper vom IgG- oder IgM-Typus beteiligt sind, kommt es nicht zu einer Histaminausschüttung aus den Mastzellen (Mastzelldegranulation) wie beim Typ I. Große Mengen von im Blut schwimmenden Immunkomplexen können jedoch zu dramatischen Krankheitsbildern führen.

Die Reaktion greift rasch um sich

Ausgelöst wird dies durch bestimmte unterschiedliche Proteine des Immunsystems, die im Blut zirkulieren und deren Wirkung kaskadenartig ineinander greift. So sind sie sich bei der Beseitigung von Eindringlingen gegenseitig behilflich. Da sie die Immunabwehr unterstützen, indem sie sich in der Wirkung gegenseitig ergänzen, werden sie als Komplementsystem bezeichnet. Ein Komplementeiweißkörper wird direkt durch den antigengebundenen Antikörper aktiviert.

Dies löst eine Kaskade von Folgereaktionen aus, in denen jeweils der nächste Komplementbaustein aktiviert wird. Mit Hilfe dieser komplexen zusammenwirkenden Eiweißkörper werden der Keim oder das antigene Partikelchen zerstört und abgebaut.

Typ-III-Allergien können neben der unangenehmen Symptomatik zu ernsten Schädigungen verschiedener Organe führen. Bei dieser Reaktion ist eine konsequente Suche nach dem Auslöser besonders wichtig, um den allergisierenden Stoff in Zukunft umgehen zu können.

Das eigene Gewebe wird angegriffen

Also eine überaus nützliche Reaktion, so lange sie im Serum abläuft. Sind aber, wie oben erwähnt, die Immunkomplexe in sehr großer Zahl vorhanden, dann lagern sie sich in den Nieren, in Gelenken und an den Innenwänden von Gefäßen ab.

Dadurch werden die Eiweißkörper aus dem Komplementsystem angelockt und im Gewebe gebunden. Dies hat jedoch fatale Folgen, weil die Komplementreaktion so aggressiv ist, dass sie einen Sicherheitsabstand braucht. Der ist im Blut vorhanden, im Gewebe dagegen aber nicht. Die Komplementreaktionen, die normalerweise gegen Eindringlinge gerichtet sind, zerstören jetzt auch körpereigenes Gewebe. Die übrig bleibenden Gewebefragmente aktivieren zusätzlich noch weitere Komplementeiweißkörper, so dass es bei dieser Reaktion zu umfangreichen Gewebeschäden kommen kann.

Schlimme Spätfolgen

Weiße Blutkörperchen, die dadurch angelockt werden und helfen wollen, zerfallen und geben dabei ihre aggressiven Enzyme frei, die gesunde Zellen angreifen. Freund und Feind können vom Organismus jetzt nicht mehr unterschieden werden. Die Ausschüttung von bestimmten Substanzen (Histamin) erhöht die Durchblutung im Gewebe und macht die Gefäße durchlässiger. Es kommt zu Gewebeschwellungen und Entzündungen, bis der betroffene Bereich schließlich abstirbt. Je nachdem, welches Organ vorzugsweise befallen ist, kommt es zu einer

Kurzgefasst – die Typ-III-Allergie

- Immunkomplexe werden normalerweise mit Hilfe eines Systems aus verschiedenen Eiweißkörpern – dem so genannten Komplementsystem – abgebaut und eliminiert. Dieser Vorgang läuft im Blut ab.
- Bleiben von einer Abwehrreaktion zu viele mit Antikörpern behaftete Antigene übrig, weil es die Fresszellen nicht mehr schaffen, sie zu vernichten, dann lagern sich diese Immunkomplexe an verschiedenen Stellen im Organismus ab.
- Je nachdem, wo sie vorzugsweise deponiert werden, löst dies Schwellungen und Entzündungen der Gelenke, der Nieren oder auch der Gefäße aus.
- Kommt es zur krankhaften Ablagerung eines Überangebots von Immunkomplexen im Gewebe, dann aktiviert dies auch das Komplementsystem. Dessen Aggressivität dehnt sich in die Umgebung aus und führt zu einer Kettenreaktion, die körpereigene Zellen zerstört.
- Verursacher dieser Typ-III-Allergie sind oft Medikamente oder Stoffe, denen bestimmte Berufsgruppen häufig ausgesetzt sind, oder oft wiederkehrende Infektionen mit immer gleichen Bakterien.
- Lebensmittel sind jedoch, mit Ausnahme von Mehl bei der »Bäckerlunge«, eher selten die Verursacher von Typ-III-Allergien.

Bei durch das berufliche Umfeld ausgelösten Allergien bleibt in der Regel keine andere Wahl, als umzuschulen. Deshalb sollte schon bei Jugendlichen mit bekannter Allergieneigung darauf geachtet werden, Berufsausbildungen mit hohem Allergierisiko zu meiden.

Nierenentzündung, zu einer Gelenk- oder auch Gefäßentzündung, die als kleiner, rot gepunkteter Hautausschlag sichtbar wird. Auslöser sind meist Eiweiße in Lebensmitteln (z. B. im Mehl bei Bäckern) oder Medikamente (Penizillin!). Bis der Patient Beschwerden bekommt, können Tage bis Wochen vergehen. Von dieser Allergieform (Typ III) sind meist Berufsgruppen betroffen wie Bauern, Winzer, Bäcker, Taubenzüchter oder Arbeiter in der Fischverarbeitung.

Mit Spätzündung – die Typ-IV-Allergie

Diese Form der Reaktion des Immunsystems wird auch als verzögerter Typ bezeichnet, da die sichtbare oder spürbare Allergie erst 24 bis 72 Stunden nach Aufnahme des Antigens auftritt. Das klassische Beispiel einer Typ-IV-Reaktion ist eine Hautallergie. Sehr häufig ist Nickel der Auslöser, ein Metall, das sich in Silberschmuck oder Metallknöpfen findet. Aber auch Unverträglichkeiten von Medikamenten können nach diesem Muster ablaufen. Verursacher sind oft Antibiotika auch vom Sulfonamidtyp und Antiepileptika (Mittel gegen Krampfleiden).
Der wesentliche Unterschied zu den Typen I bis III ist, dass bei diesem Vorgang keine Antikörper gebildet werden. Die Sensibilisierung läuft hier über die T-Lymphozyten vom so genannten CD4- (Helferzellen) oder CD8-Zelltyp. Bis heute wissen wir nicht, warum unter bestimmten Umständen die Antikörperbildung (siehe Seite 13) ausbleibt und stattdessen spezialisierte T-Lymphozyten das Regime übernehmen.

Es ist immer noch vieles ungewiss, was die Entstehung von Allergien betrifft. Der rapide Anstieg dieser Erkrankungen hat aber in den letzten Jahren einen enormen Anschub der Forschungstätigkeit in diesem Bereich bewirkt.

Abwehr im Inneren der Zelle

Bei diesen Abwehrzellen des Immunsystems handelt es sich um die Abteilung, die normalerweise für die Bekämpfung von virusinfizierten Zellen und von Krebszellen zuständig ist. Da Viren in eine gesunde Zelle eindringen und diese zerstören, kann sie die Immunabwehr über die im Blut zirkulierenden B-Lymphozyten nicht erwischen; diese Immunzellen eliminieren unter normalen Umständen kein körpereigenes Gewebe. Die Unterstützung kann also nicht von außen kommen. In diesem Fall greift der »Innendienst« einer Zelle zur Selbsthilfe. Dies wird auch als Notfallprogramm der Zelle bezeichnet.
Sie erkennt, dass sie von einem Eindringling, z. B. einem Virus, befallen ist und produziert daraufhin sofort die so genannten MHC-Eiweiße. Diese haben nichts anderes zu tun, als den Eindringling zu packen, nachdem er schon in Stücke zerlegt wurde, und ihn an die Zelloberfläche nach außen zu schleusen. Dort warten sie geduldig, bis endlich eine T-Zelle vom Helfertyp vorbeikommt. Dabei kann es viele Stunden bis Tage dauern, bis sich endlich ein T-Lymphozyt findet, der genau die Daten des Eindringlings zufällig gespeichert hat und ihn deshalb erken-

nen kann. Auf den vielen T-Lymphozyten sind ca. 100 Millionen verschiedene Erkennungscodes gespeichert, pro Lymphozyt jeweils ein Code. Je nachdem, ob der T-Lymphozyt eine Art Pistole (CD8-Rezeptor) dabei hat oder nur Handschellen (CD4-Rezeptor), kann er den Eindringling auf unterschiedliche Art dingfest machen.

Die T-Lymphozyten greifen ein

Derjenige mit dem CD8-Rezeptor tötet also den Eindringling ab. Dabei geht auch die Körperzelle zugrunde. Deshalb nennt man diese Art der Immunzellen auch zytotoxische Zellen oder Killerzellen. Hat der T-Lymphozyt hingegen nur »Handschellen« dabei (CD4-Rezeptor), so kann er den Eindringling nicht abtöten, sondern nur an der Oberfläche festhalten und an weitere Zellen wie z. B. die Fresszellen (Makrophagen) übergeben. Diese »fressen« dann den Eindringling samt der infizierten Zelle auf. Dabei werden Stoffe freigesetzt, die eine Entzündung auslösen und weitere Helfer (z. B. die Granulozyten) anlocken. Diese Reaktion erfolgt meist bei bakteriellen Eindringlingen.

Die in Lebensmitteln verwendeten Zusatzstoffe werden zwar alle auf gesundheitliche Unbedenklichkeit geprüft, doch sagt das wenig über ihr Allergierisiko aus. Empfindliche Personen sollten so weit wie möglich Fertigprodukte mit zahlreichen Zusatzstoffen meiden.

Nach etlichen Stunden entwickelt sich auf der Haut oder Bronchialschleimhaut eine gerötete, geschwollene Stelle. Auf der Darmschleimhaut zeigen sich ähnliche Entzündungszeichen, wenn die Erreger dort eingedrungen sind. Bis heute wissen wir nicht, warum es zur Heranreifung von T-Lymphozyten mit Handschellen (CD4-Rezeptoren) oder Pistolen (CD8-Rezeptoren) kommt.

Auslöser sind oft Nahrungszusatzstoffe

Die besonderen T-Lymphozyten mit den Handschellen (CD4-Zellen) können den Eindringling mitsamt Zelle nicht nur an Fresszellen, sondern auch an B-Zellen übergeben. Somit kann hierüber auch noch eine Antikörperproduktion von Fall zu Fall ausgelöst werden. Man spricht dann von einer Mischform der Reaktion. Das erschwert die Einordnung in eine Klasse. Die Typ-IV-Reaktion kann – so wissen wir heute – aber auch durch Nahrungsmittel hervorgerufen werden. Dabei sind es weniger die Grundstoffe in der Nahrung selbst, sondern häufig Zusatzstoffe wie z. B. Konservierungsmittel oder Farbstoffe, die zu Unverträglichkeiten führen. Zum Nachweis gibt es heute ein Testverfahren, das die aktivierten T-Lymphozyten misst. Es handelt sich um den Lymphozytentransformationstest, kurz LTT genannt (siehe Seite 122).

Kurzgefasst – die Typ-IV-Allergie

- Dies ist der klassische Reaktionstyp bei einer Kontakt- oder Hautallergie.
- Da es 24 bis 72 Stunden dauert, bis die Allergie sichtbar oder spürbar wird, bezeichnet man sie auch als eine verzögerte Reaktion.
- Der wesentliche Unterschied zu anderen Allergieformen ist, dass keine Antikörper gebildet werden.
- Die Erstreaktion läuft nur über T-Zellen, die einen Rezeptor tragen, der auf das Antigen passt.
- Eine Zelle, die von einem Virus befallen ist, kann keine Hilfe von außen erhalten, da das Virus dort nicht mehr von im Blut schwimmenden Immunzellen erreicht wird.
- Die infizierte Zelle bildet MHC-Eiweiße, die den Eindringling an die Oberfläche der Zellwand bringen.
- Dort bleibt er, bis eine T-Zelle vorbeikommt, deren Rezeptor auf den Code des Eindringlings passt.
- Je nach Art des T-Lymphozyten (CD4- oder CD8-Rezeptoren) kann er das Antigen entweder einer Fresszelle übergeben oder selbst abtöten. Die infizierte Zelle geht dabei zugrunde.
- Manchmal übergibt die CD4-Zelle das Antigen, z. B. ein Virus, an B-Lymphozyten; es kommt zur Antikörperbildung und zur Entwicklung eines Mischtyps.
- Auslöser können auch Zusatzstoffe in verarbeiteten Nahrungsmitteln sein.
- Die Beschwerden: Erbrechen und Durchfall, aber auch Symptome wie bei Typ-I-Allergien – Luftnot, Kopf- und Muskelschmerzen und Gelenkentzündung. Vom Verzehr des auslösenden Stoffs bis zum Auftreten der Symptome können Stunden bis Tage vergehen.
- Der Nachweis ist schwierig. Man weist mit dem LTT-Verfahren sensibilisierte T-Zellen nach.

Die späte Reaktion bei einer Typ-IV-Allergie macht es schwer, den Auslöser zu finden bzw. überhaupt darauf zu kommen, dass es sich um eine Nahrungsmittelallergie handelt. Bei wiederholtem Auftreten der beschriebenen Beschwerden ohne erkennbare Ursache sollten Sie einen erfahrenen Allergologen aufsuchen.

Fatale Imitationen – die Pseudoallergien

Eine weitere Form der Lebensmittelunverträglichkeit ist eine vorgetäuschte Allergie, die so genannte Pseudoallergie. Sie kann u. a. genauso dramatisch wie eine Typ-I-Reaktion verlaufen – mit Nesselsucht, Juckreiz auf der Haut, laufender Nase und Luftnot. Allerdings lassen sich bei der Untersuchung des Bluts keine Antikörper finden.

Die Beschwerden gleichen sich

Die Pseudoallergie kann praktisch alle Phänomene nachahmen, die von einer klassischen Allergie bekannt sind. In einigen Fällen klagen die Patienten sogar über Kopfschmerzen bis hin zur Migräne, Magen-Darm-Störungen, Muskelschmerzen, Herzrhythmusstörungen, Gelenkschmerzen sowie Gelenkentzündungen, Angstzustände, Depressionen, extreme Müdigkeit und sogar Blutdruckabfälle mit Ohnmacht. Im Blut kann man zuweilen einen Abfall der weißen Blutkörperchen (Leukopenie) oder Störungen im Blutgerinnungssystem finden. Verursacher können Arzneimittel sein, wie beispielsweise Aspirin, oder auch Lebensmittelzusatzstoffe. Zu nennen sind hier u. a. Konservierungsstoffe (Benzoesäure, Sorbinsäure, Salizylsäure) und Farbstoffe (insbesondere die Azofarbstoffe).

Menschen mit einer Aspirinunverträglichkeit sollten Lebensmittelfarbstoffe meiden. Sie erleiden beim Kontakt mit diesen Substanzen unter Umständen die gleichen Symptome. Man nennt diese Erscheinung eine so genannte Kreuzreaktion.

Abwehrreaktion wird direkt ausgelöst

Bei der Pseudoallergie kommt es zu einer Ausschüttung von Substanzen wie dem Histamin, genauso wie dies bei der Typ-I-Allergie geschieht. Nur ist der Auslöser zur Öffnung von Mastzellen, die das Histamin enthalten, keine Antigen-Antikörper-Reaktion. Vielmehr wird hier das Immunsystem komplett umgangen. Man vermutet, dass es bestimmte Substanzen gibt, die z. B. Mastzellen oder die basophilen Zellen direkt zur Ausschüttung von Histamin und anderen Gewebehormonen anregen. Das Aspirin scheint zu diesen Substanzen zu gehören. Die Azofarbstoffe, die gern zum Färben von Lebensmitteln verwendet werden, haben eine chemisch ähnliche Struktur wie das Aspirin. Aus diesem Grund sollten Personen, die eine Pseudoallergie auf Aspirin haben, diese Farbstoffe unbedingt meiden.

Auch die Menge spielt eine Rolle

Ein weiteres wichtiges Unterscheidungsmerkmal zur klassischen Allergie ist, dass die Pseudoallergie eine gewisse Abhängigkeit von der verzehrten Menge zeigt. Wo bei der Typ-I-Allergie bereits eine winzige Menge des Antigens reicht, um die volle Reaktion nach dem Alles-oder-nichts-Prinzip auszulösen, braucht es bei der Pseudoallergie meist eine deutlich größere Menge.
Je mehr davon genommen wird, umso heftiger sind die Symptome. Allerdings gibt es hier wiederum deutliche Unterschiede von Mensch zu Mensch. So kann eine individuelle Empfindlichkeit die Heftigkeit des Allergiegeschehens zusätzlich beeinflussen.

Derzeit ist eine steigende Tendenz von Pseudoallergien zu beobachten. Schätzungen gehen davon aus, dass ca. 20 Prozent der Erwachsenen von dieser Allergieform betroffen sind.

Das China-Restaurant-Syndrom

An dieser Stelle sei im Speziellen noch das China-Restaurant-Syndrom erwähnt, das in vielen Lehrbüchern auf den Verzehr eines Geschmacksverstärkers – das Mononatriumglutamat oder auch MNG genannt – zurückgeführt wird. Das Syndrom trat bei bestimmten Personen immer dann auf, wenn sie chinesisch gegessen hatten. Eine halbe Stunde bis eine Stunde nach dem Essen bekamen sie Herzklopfen, Schweißausbrüche, Schwächegefühle, Übelkeit, Herz-Kreislauf-Probleme sowie Erbrechen und Durchfälle. Man geht heute davon aus, dass es sich hierbei nicht um eine Pseudoallergie auf den Geschmacksverstärker handelt, sondern um eine angeborene Störung im Stoffwechsel des Azetylcholins (= Neurotransmitter, Botenstoff in Nerven und Gehirn).

Auslösefaktor körperliche Anstrengung

Körperliche Reaktionen können darüber hinaus auch ausgelöst werden, wenn physikalische Reize einwirken wie z. B. beim Schlucken von kalten Getränken. Selbst bei körperlicher Anstrengung allein kann es zu pseudoallergischen oder auch allergischen Symptomen kommen. So kann jemand z. B. eine Magen-Darm-Kolik bei sich durch kalte Getränke auslösen. Im anderen Fall kann Luftnot eintreten, wenn nach körperlicher Anstrengung (z. B. Skifahren) ein bestimmtes Lebensmittel (z. B. Mohn mit Germknödel) gegessen wird. Jeder Vorgang allein führt zu keinen Beschwerden. Nur in dieser Kombination kann es zur Auslösung kommen. Körperliche Überlastung sollte deshalb immer als stimulierender Kofaktor bei der Diagnosefindung berücksichtigt werden.

Der Zusatz »Pseudo« deutet keinesfalls darauf hin, dass es sich bei diesen Allergien etwa nicht um echte Krankheiten handelt. Die Beschwerden können ebenso quälend und folgenreich sein wie bei den klassischen Allergietypen.

Kurzgefasst – die Pseudoallergie

- Pseudoallergische Reaktionen verhalten sich wie ein Chamäleon. Sie können andere echte Allergien nachahmen, ohne dass sie das Immunsystem einschalten.
- Die Symptome sind sehr vielgestaltig. Sie reichen von den klassischen mit Nesselsucht, Juckreiz und Atemnot bis hin zu den selteneren wie Muskelschmerzen, Gelenkschmerzen, Gelenkentzündung, Herzrhythmusstörungen, Angstzuständen und Depressionen.
- In Labortests finden sich auch manchmal eine Verringerung der Zahl der weißen Blutkörperchen sowie Störungen der Blutgerinnung.
- Auslöser von Pseudoallergien ind Medikamente wie Aspirin oder Lebensmittelzusatzstoffe wie Farb- und Konservierungsstoffe.
- Die Heftigkeit der Reaktion ist u. a. von der individuellen Empfindlichkeit abhängig sowie von der Menge des auslösenden Stoffs. Im Gegensatz dazu genügen bei der antikörpergesteuerten Reaktion bereits kleine Mengen, um Beschwerden auszulösen.
- Das China-Restaurant-Syndrom wird gelegentlich zu den Pseudoallergien gerechnet. Neuere Untersuchungen deuten aber auf einen angeborenen Defekt im Azetylcholinstoffwechsel hin. Nach Essen von Speisen in einem chinesischen Restaurant löst dies Herz-Kreislauf-Probleme bis hin zu Erbrechen und Durchfällen aus.
- Magen-Darm-Krämpfe können aber auch bei besonders empfindlichen Personen allein durch Trinken von kalten Flüssigkeiten ausgelöst werden. Auch diese Reaktion wird als Pseudoallergie bezeichnet.
- Schätzungen gehen davon aus, dass ca. 20 Prozent der erwachsenen Bevölkerung unter Pseudoallergien leiden.

Lebensmittelintoleranzen – die Histaminose

Wir verzehren gern und oft Lebensmittel, die das Gewebehormon Histamin in unterschiedlichen Mengen enthalten. Histamin wird also nicht nur durch eine allergische oder pseudoallergische Reaktion freigesetzt, sondern kann auch direkt durch bestimmte Nahrungsmittel aufgenommen werden.

Die Histaminose zeigt eindrücklich, dass es durchaus nicht immer künstliche Stoffe sein müssen, die allergisierend wirken. Auch natürliche Reifungsprozesse in an sich gesunden Lebensmitteln können zu Unverträglichkeiten führen.

Hohe Konzentrationen im Rotwein

In manchen Rotweinsorten finden sich teilweise sehr hohe Histaminmengen, so dass je nach Empfindlichkeit auf Burgunder, Bordeaux und Chianti verzichtet werden muss. Auch das sonst so gesunde Sauerkraut kann von manchen Menschen auf einmal nicht mehr vertragen werden. Insgesamt sind es vor allem die haltbar gemachten Lebensmittel. Sie enthalten die auch als biogene Amine bezeichneten Stoffe in hohen Konzentrationen. Neben Wein sind es auch Spirituosen, alter Käse wie z. B. lang gelagerter Gouda, Emmentaler, Gruyère und Roquefort, die bei einer Überempfindlichkeit gemieden werden müssen. Außerdem sind Fischkonserven und haltbare Wurstsorten wie z. B. Salami, Schinken und Zervelatwurst histaminreich.

Bakterien bewirken eine Umwandlung

Das allergieaktive Gewebehormon Histamin ist nur sehr selten in natürlichen tierischen oder pflanzlichen Produkten zu finden. Vielmehr sind es Bakterien, die in den haltbar gemachten Lebensmitteln das Histidin in Histamin umwandeln. Im Wein entsteht es beim biologischen Abbau, den Milchsäurebakterien bewirken.
Diese Unverträglichkeitsreaktion wird deshalb auch als Histaminose bezeichnet. Sie tritt in der Regel bereits 30 bis 60 Minuten nach Verzehr der histaminreichen Lebensmittel auf. Die betroffenen Personen klagen über akute Beschwerden wie Hitzegefühl, Kopfschmerzen, Herzjagen, Luftnot und sogar Angina-pectoris-ähnliche Beschwerden (Engegefühl in der Brust). Gelegentlich lassen die Symptome sogar den Verdacht auf einen Herzinfarkt aufkommen. Hier sei daran erinnert, dass Herzinfarkte gern nach schwerem Essen auftreten.

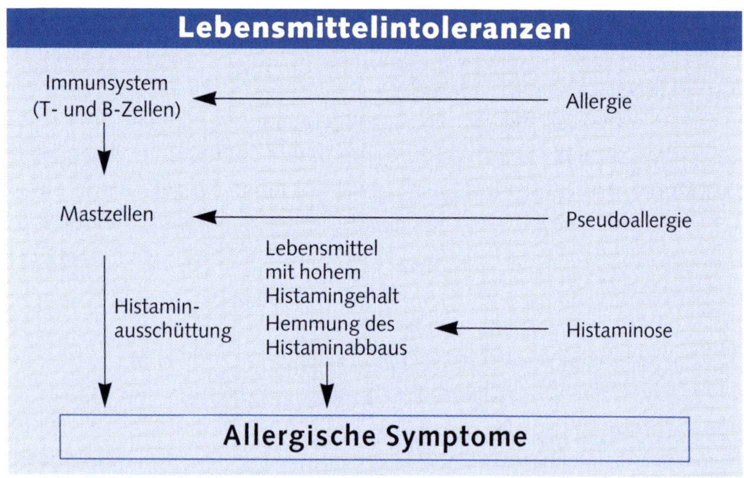

Blutwerte geben Aufschluss

Man merkt es dem Inhalt einer Konservendose nicht unbedingt an, ob er verdorben ist. Zu Hause empfiehlt es sich dringend, öfter die Verfalldaten zu kontrollieren und Überlagertes auszusortieren. Dosen mit aufgewölbtem Deckel sind ganz sicher verdorben; hier haben sich bereits Fäulnisgase gebildet.

Als bekömmlich werden im Rotwein Histaminkonzentrationen um maximal zwei Milligramm pro Liter angesehen. In französischen Rotweinen wurden die höchsten Histaminkonzentrationen mit 30 Milligramm pro Liter Rotwein gefunden. Im Käse lag die nachgewiesene Konzentration (Camembert, Stilton, Emmentaler, Gruyère) bei bis zu 52 Milligramm pro 100 Gramm. Bei Verdacht auf eine Histaminose bzw. Lebensmittelintoleranz können Sie den Histaminspiegel im Blut messen lassen. Er ist dann erhöht.

Störungen beim Histaminabbau

Es gibt aber auch noch besondere Umstände, bei denen selbst geringe Mengen Histamin in der Nahrung ausreichen, um Beschwerden auszulösen. Allen gemeinsam ist, dass sie den Abbau des Histamins im Darm hemmen, indem ein wichtiges Enzym (DAO = Diaminooxidase) blockiert wird. Dies kann durch Substanzen geschehen, die neben dem Histamin vor allem in verdorbenen Nahrungsmitteln enthalten sind. Es handelt sich um die Krebs erregenden Stoffe Kadaverin und Putreszin. Diese finden sich vor allem in verdorbenen Konserven. Auch Alkohol kann den Abbau des Histamins verzögern, so dass der Genuss von altem Käse ohne Probleme vertragen wird, in Kombination mit Rotwein aber Beschwerden verursacht. Sehr oft wird auch übersehen, dass

die Einnahme bestimmter Medikamente den gleichen Effekt haben kann. Dazu gehören vor allem Arzneimittel gegen hohen Blutdruck, Mittel gegen Asthma und gegen Parkinson sowie Antibiotika.
Wer mit der Einnahme von Vitamin C übertreibt und hohe Dosen regelmäßig schluckt, greift dadurch ebenfalls hemmend in seinen Histaminabbau im Darm ein. Das gilt gleichermaßen für Vitamin B1. Eine Tatsache, die viele nicht wissen. Schließlich gibt es noch entzündliche Erkrankungen im Magen-Darm-Bereich, die ebenfalls eine Histaminose auslösen können.

Nur in Kombination schädlich

Dabei muss betont werden, dass die Beschwerden nur in der Kombination auftreten, d.h., dass die oben beschriebenen Voraussetzungen nur dann zu Symptomen führen, wenn gleichzeitig stark histaminhaltige Lebensmittel gegessen werden. Entscheidend für den weiteren Verlauf ist auch, dass durch hohe Histaminspiegel im Nahrungsbrei die Darmschleimhaut entzündlich gereizt wird. Eine erhöhte Durchlässigkeit von antigenen Teilchen kann die Folge sein. Daraus können sich unterschiedliche Allergien entwickeln.

Enzymhemmer sind sehr verbreitete Arzneimittel. Die jeweiligen Bezeichnungen der im Medikament enthaltenen Wirkstoffe finden Sie unterhalb des Produktnamens auf der Medikamentenpackung.

Enzymhemmer in Medikamenten

- Acemitacin
- Alcuronium
- Alprenolol
- Aminophyllin
- Amiphenazol
- Carbochromen
- Cefuroxim
- Chinidin
- Chloroquin
- Clavulansäure
- Colistin
- D-Cycloserin
- Dihydralazin
- Dopamin
- D-Tubocurarin
- Fenpiverin
- Framycetin
- Lorcainid
- Metamizol
- Metoclopramid
- Minocyclin
- Orciprenalin
- Pancuronium
- Paromomycin
- Pentamidin
- Pirenzepin
- Prajmalin
- Pramiverin
- Prilocain
- Propanthelin
- Rolitetracyclin
- Tetroxoprim
- Thiamin (Vitamin B1)
- Verapamil
- Vitamin C

Bei Symptomen wie Luftnot, Blutandrang im Kopf oder Engegefühl in der Brust müssen Sie unbedingt zum Arzt. Eine Herz-Kreislauf-Erkrankung sollte ausgeschlossen werden, bevor eine Histaminose vermutet wird.

Kurzgefasst – Lebensmittelintoleranzen

- Hier spielen weder das Immunsystem noch eine direkte Histaminausschüttung unter Umgehung des Immunsystems eine Rolle. Es sind vielmehr Lebensmittel, die das Gewebehormon Histamin in hohen Mengen enthalten.
- Meist sind es durch Gärungs- oder Reifungsprozesse haltbar gemachte Lebensmittel, z. B. alter Käse, Rotwein, Fischkonserven, Schinken und Salami.
- Natürliche, unverarbeitete Lebensmittel enthalten praktisch keine dieser so genannten biogenen Amine. Sie entstehen erst durch bakterielle Veränderungen der Aminosäure Histidin.
- Wer 30 bis 60 Minuten nach Genuss von Käse und Rotwein ein Hitzegefühl sowie Kopfschmerzen bekommt, vielleicht noch Luftnot und ein Engegefühl in der Brust, der sollte nicht nur den Alkohol verdächtigen. Hier kann es sich durchaus um eine Histaminose handeln. Bei älteren Menschen muss man aber auch an einen Herzinfarkt denken. Eine Untersuchung des Histaminspiegels im Blut kann hier Klärung bringen.
- Unter bestimmten Umständen wird der Abbau des Histamins im Darm gehemmt, so dass auch unauffällige Histaminmengen Beschwerden auslösen können.
- Im Einzelnen sind das Substanzen in verdorbenen Nahrungsmitteln, der gleichzeitige Genuss von alkoholhaltigen Getränken oder die Einnahme bestimmter Medikamente. Auch Darmentzündungen können den gleichen Effekt haben.
- Vielfach übersehen wird die Tatsache, dass eine hoch dosierte Einnahme von Vitamin C eine Histaminose auslösen kann. Der Hinweis in vielen Vitaminbüchern, dass zu viel Vitamin C nicht schaden kann, stimmt also nur bedingt.

Ein krasser Fall – die Zöliakie

Die Zöliakie wird ausgelöst durch eine Überempfindlichkeit gegen den Gliadinanteil im Gluten. Das ist ein in bestimmten Getreidesorten enthaltener Eiweißstoff. Die Folge davon ist, dass sich die Zotten bzw. Falten auf der Dünndarmschleimhaut zurückbilden. Dies verkleinert die Fläche für die Nährstoffaufnahme.

Die Folgen sind Vitamin-, Mineral- sowie Spurenelementemangel. Klinisch kann sich dies durch eine Blutarmut wegen des Mangels an Eisen, Folsäure und Vitamin B12 bemerkbar machen. Wegen der gestörten Kalziumaufnahme kommt es frühzeitig zur Osteoporose. Der Mangel an Vitamin K kann die Blutgerinnung stören und durch Neigung zu blauen Flecken auffallen.

Dem Verursacher der Zöliakie kam man erst recht spät auf die Spur. 1950 konnte ein holländischer Kinderarzt nachweisen, dass das Klebereiweiß des Getreides die Krankheit auslöst.

Die Krankheit wird oft spät erkannt

Wie ein Chamäleon kann sich die Erkrankung aber auch noch in anderen unterschiedlichen Beschwerden äußern, die leider oft zu Fehldiagnosen führen. Deshalb wird diese besonders hartnäckige Form der Nahrungsmittelunverträglichkeit häufig übersehen.

Bis eine Zöliakie erkannt wird, dauert es vom Auftreten der ersten Symptome an ca. zehn Jahre. Die Erkrankung tritt nicht nur im Kindesalter auf, sondern wird bei jedem fünften Patienten erst im Alter von über 50 Jahren beobachtet. Die Erwachsenenzöliakie wird als einheimische Sprue bezeichnet. Bei einer Häufigkeit von einem Zöliakiepatienten unter 300 Personen kann man nicht mehr von einer seltenen Erkrankung sprechen. Laut aktueller wissenschaftlicher Untersuchungen sind ca. 250 000 Menschen in Deutschland bereits davon betroffen.

Breite Palette von Symptomen

Die Beschwerden, die am ehesten an eine Zöliakie denken lassen, sind Gewichtsabnahme mit Durchfall, Blähungen, Blutarmut sowie erhöhte Blutungsneigung. Diese Reaktionen treten aber nur bei 40 Prozent der Patienten auf. Etwa jeder zweite Patient (60 Prozent) hat eine Verlaufsform, die von Magen-Darm-Beschwerden, Haut- und Stoffwechselveränderungen, Knochen- und Muskelproblemen bis hin zu sogar neurologisch-psychiatrischen Symptomen reichen, einschließlich einer gestörten Sexualfunktion (siehe Kasten auf Seite 42).

Die Vielfalt der möglichen Symptome bei Zöliakie hat einen gemeinsamen Nenner: Es sind Mangelerscheinungen, weil der geschädigte Darm nicht genügend Nährstoffe aus dem Nahrungsbrei filtern kann.

Mögliche Symptome der Erwachsenenzöliakie (Sprue)

Allgemeinsymptome

- Müdigkeit
- Schwäche
- Gewichtsabnahme trotz ausreichender Ernährung

Magen-Darm-Beschwerden

- Durchfall
- Blähungen
- Bauchkrämpfe
- Übelkeit
- Brechreiz
- Appetitlosigkeit
- Zungenbrennen

Neurologisch-psychiatrische Symptome

- Periphere Neuropathie
- Kribbeln
- Erschöpfungszustand mit depressiver Komponente
- Nervosität
- Ängstlichkeit
- Schlafstörungen
- Konzentrationsstörungen

Knochen- und Muskelprobleme

- Rückenschmerzen
- Muskelschwäche
- Osteoporose
- Osteomalazie

Stoffwechselveränderungen

- Eisenmangelanämie
- Krämpfe
- Hautblutungen
- Kribbeln in den Beinen
- Zungenbrennen
- Selten Ödeme

Gestörte Sexualfunktion

- Zyklusunregelmäßigkeiten
- Späte erste Menstruation
- Frühe Menopause
- Reduzierte Fruchtbarkeit

Hautveränderungen

- Dermatitis herpetiformis
- Hautausschlag

Fälschlich wird die Psyche behandelt

Fehldiagnosen sind hier nicht selten. Es ist deshalb verständlich, dass ein Drittel der Patienten mit Psychopharmaka (Medikamente zur Therapie psychischer Beschwerden) behandelt wird, bevor man die richtige Diagnose findet.
Jeder achte Patient ist zum Zeitpunkt der Diagnosestellung bereits in psychotherapeutischer Behandlung, weil die Beschwerden fehlinterpretiert wurden. Dabei könnte der Patient bei richtiger Ernährung ein normales Leben führen.

Koch- und Backrezepte für Zöliakiepatienten sowie eine Fülle von Informationen bietet der Ratgeber »Glutenfreie Ernährung« von Cornelia Klaeger, der ebenfalls im Südwest Verlag erschienen ist.

Nicht immer treten Beschwerden auf

Ein besonderes Risiko, die Zöliakie zu entwickeln, liegt bei einer entsprechenden Erbanlage vor. Dabei zeigt sich, dass der Anteil an Patienten, die über Beschwerden klagen, quasi nur die Spitze eines Eisbergs ist. Ein deutlich höherer Anteil an Patienten hat nachweisbare Veränderungen auf der Dünndarmschleimhaut, ohne jedoch spürbare Symptome in Form von Gesundheitsstörungen zu haben.
Schließlich gibt es Patienten mit einem entsprechenden Gendefekt, die keinerlei Schleimhautschäden aufweisen, bei denen aber die Erkrankung bereits latent, also im Verborgenen, vorhanden ist. Es gibt auch eine Hauterkrankung, die mit der Zöliakie einhergeht: die so genannte Dermatitis herpetiformis. Experten vermuten, dass der Gliadinantikörper (IgA) aus dem Darm mit dem Gliadin aus dem Getreide eine Verbindung eingeht (Immunkomplexbildung), die in der Haut abgelagert wird und dort den herpesähnlichen Ausschlag hervorruft.

Eine lebenslange Diät ist notwendig

Des Weiteren gibt es Hinweise, dass einige andere immunologische Erkrankungen wie das Sjögren-Syndrom (Autoimmunerkrankung mit trockenen Schleimhäuten), die Addison-Erkrankung (Nebennierenrindenschwäche) und die Alopezia areata (kreisrunder Haarausfall) mit der Zöliakie verknüpft sind.
Bei Nichteinhalten einer lebenslangen Diät, die frei von Gluten ist, besteht ein erhöhtes Risiko, Dünndarm- oder Speiseröhrenkrebs zu entwickeln. Betroffene Patienten müssen deshalb – anders als bei den übrigen Nahrungsmittelunverträglichkeiten – ihr Leben lang auf glutenhaltige Lebensmittel verzichten.

Diese Lebensmittel muss man meiden

Bei Verdacht auf eine Zöliakie wird zuerst im Blut nach Gliadin- und Autoantikörpern (Endomysium- und Retikulinantikörpern) gefahndet. Erst bei positivem Ergebnis schließt sich eine Dünndarmbiopsie (Entnahme einer Gewebeprobe) an, mit der die endgültige Diagnose gestellt werden kann.

Wenn sich der Verdacht auf Zöliakie bestätigt, müssen Sie folgende gliadinhaltige Lebensmittel von Ihrem Speisezettel streichen:

- *Grundnahrungsmittel:* jedwede Art von Weizen-, Roggen-, Hafer-, Gersten-, Dinkel-, Grahambrot, Brötchen, Waffeln, Zwieback, Cracker, Brezen, Makkaroni, Nudeln, Weizenkeime
- *Getränke:* Bier, Ale, Instantkaffee, Malzgetränke
- *Genussmittel:* Eiscreme, Kuchen, Plätzchen, Torten usw.

Der völlige Verzicht auf Milchprodukte ist bei Laktasemangel meist weder nötig noch ratsam. Neben Joghurt, Quark und Buttermilch werden auch gereifte Schnittkäse meist gut vertragen. Durch den Reifeprozess wurde ein großer Teil des Milchzuckers abgebaut.

Die Milch macht's – Enzymdefekte

Ein bestimmter Enzymdefekt, der Laktasemangel, ist in asiatischen Ländern eine häufige Ursache von Lebensmittelunverträglichkeit. In den Ländern mit überwiegend weißer Bevölkerung ist er hingegen selten. Der Enzymdefekt führt dazu, dass Milchzucker nicht abgebaut werden kann. Bauchschmerzen und Blähungen sind dann die Folgen des Milchtrinkens.

Sauermilchprodukte werden meist vertragen

Bei Asiaten liegt hier ein angeborener Enzymdefekt vor, der dazu geführt hat, dass Milchkonsum bis heute in diesen Ländern keine Bedeutung hat. Das Milchtrinken ist normalerweise bei der weißen Bevölkerung unproblematisch.

Allerdings hat sich gezeigt, dass sich ein Laktasemangel mit zunehmendem Alter entwickeln kann. Ein wichtiger Hinweis darauf ist es, wenn Milch Beschwerden verursacht, Joghurt aber vertragen wird. Das hat damit zu tun, dass der Milchzucker (Laktose) im Joghurt bereits durch Milchsäurebakterien abgebaut wurde. Dieses Beispiel eines Enzymdefekts löst zwar keine Allergie aus, zumindest aber eine Unverträglichkeit von bestimmten Nahrungsmitteln.

Kurzgefasst – Zöliakie und Enzymdefekte

Zöliakie

- Diese Form der Lebensmittelunverträglichkeit wird oft verkannt. Es vergehen im Durchschnitt ca. zehn Jahre, bis die richtige Diagnose gestellt wird.
- Zöliakie ist die Unverträglichkeit des Gliadinbestandteils von Gluten, einem Eiweiß, das in vielen Getreidearten vorkommt. Es löst eine Antikörperbildung bei genetischer Veranlagung aus. Die Folge ist eine Zerstörung der wichtigen Dünndarmfalten.
- Typische Beschwerden sind Durchfälle, Blutarmut und Neigung zu blauen Flecken. Aber auch Zungenbrennen, Osteoporose, Muskelschwäche, Rückenschmerzen, Erschöpfung, depressive Zustände, Schlaf- oder Zyklusstörungen und Unfruchtbarkeit sowie Hautausschlag (Dermatitis herpetiformis) können auftreten.
- Die Zöliakie kann auch nach dem 50. Lebensjahr noch auftreten.
- Weiterer Verzehr glutenhaltiger Nahrungsmittel erhöht das Risiko für Speiseröhren- und Dünndarmkrebs. Eine Blutuntersuchung auf entsprechende Antikörper sowie eine Gewebeprobe aus dem Dünndarm bestätigen die Diagnose.

Enzymdefekte

- Milch wird von Asiaten schlecht vertragen. Ursache ist ein angeborener Enzymdefekt, der Laktasemangel: Milchzucker (Laktose) kann nicht abgebaut werden.
- Typische Beschwerden sind Blähungen und Bauchschmerzen.
- In der weißen Bevölkerung entwickeln meist Frauen diesen Enzymdefekt mit zunehmendem Alter.
- Sauermilchprodukte wie Quark und Joghurt werden gut vertragen, da hier der Milchzucker durch Bakterien bereits abgebaut wurde.

Oft wird bei Enzymmangel Sahne gut vertragen. Der höhere Fettgehalt verzögert die Verdauung, was dem Darm mehr Zeit gibt, auch bei geringer Laktaseproduktion den Milchzucker abzubauen.

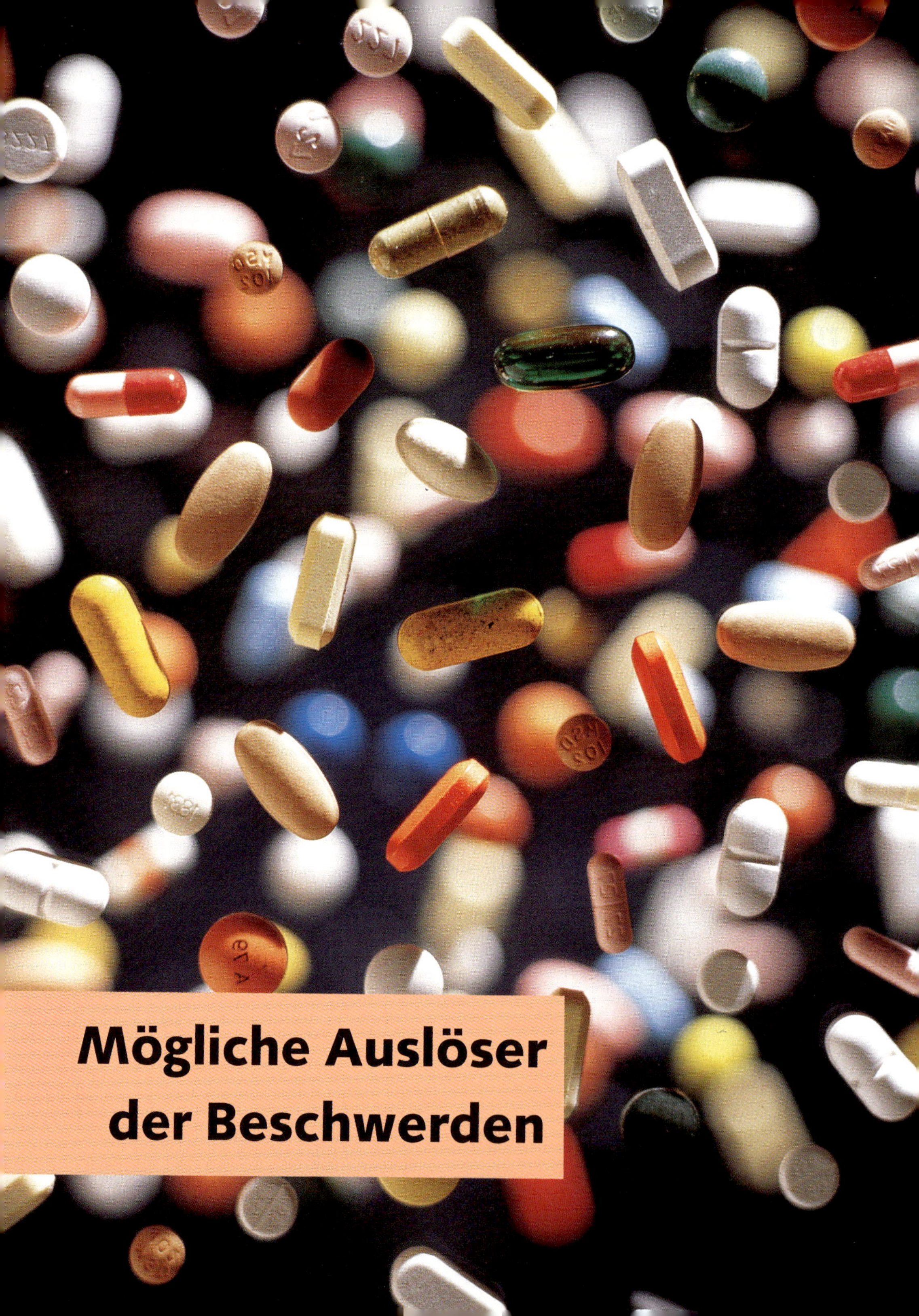

Mögliche Auslöser der Beschwerden

Die chemischen Helfer

Medikamente – Nebenwirkung nicht ausgeschlossen

Arzneimittel werden entwickelt, um Krankheiten zu heilen und Beschwerden zu lindern. In aller Regel tun sie das auch – aber bei entsprechender Veranlagung des Patienten können die hochwirksamen Stoffe zu Neben- und Wechselwirkungen mit Lebensmitteln führen und so mehr schaden als nützen.

Beim Auftreten von Unverträglichkeitserscheinungen sollten deshalb immer eventuell eingenommene Medikamente auf ihre Inhaltsstoffe hin geprüft werden. Besteht der Verdacht, dass sich der Auslöser der Symptome dort verbirgt, kann der Arzt oft alternativ ein Präparat mit anderen Inhaltsstoffen verschreiben. Auch sollte man kritisch sein mit der selbst verordneten Einnahme von hoch dosierten Vitaminen, Abführ- oder Schmerzmitteln und diese bei auftretenden Beschwerden sofort absetzen.

Abführmittel lösen die Nahrungsmittelunverträglichkeit nicht direkt aus, sondern indem sie die Darmschleimhaut reizen und wie ein Sieb durchlöchern. Jetzt ist bei dazu veranlagten Personen für die Entwicklung einer Allergie auf Lebensmittel Tür und Tor geöffnet.

Abführmittel

Alle Abführmittel, auch diejenigen, die pflanzlichen Ursprungs sind, können die Darmschleimhaut reizen. Die Durchlässigkeit für größere Nahrungspartikelchen ist dann erhöht. Diese wirken antigen, da sie noch nicht ganz aufgespalten wurden. Hierdurch können unterschiedliche Allergien auf die jeweils verzehrten Lebensmittel ausgelöst werden. Sie reichen von der Typ-I-Reaktion, die bei Sensibilisierung innerhalb von wenigen Minuten nach erneutem Verzehr auftreten kann, bis hin zur verzögerten Typ-IV-Reaktion. Dort treten die Beschwerden erst 24 bis 72 Stunden später auf. Je schneller die Symptome wie Nesselsucht, laufende Nase, Luftnot, Übelkeit, Durchfälle oder auch Erbrechen einsetzen, umso mehr spricht dies für die Typ-I-Allergie.

Wenn es sich um eine Typ-IV-Reaktion handelt, dann muss man allerdings ein Verzehrtagebuch führen, um auch die letzten drei Tage vor den Beschwerden überblicken zu können.

Die Antiinfektiva sind nach ihrer Wirkweise in zwei Gruppen eingeteilt. Einige dieser Produkte sind bakterienhemmend, andere sind bakterienabtötend.

Kritische Arzneimittel

Abführmittel
- Natürliche Abführmittel (Tees mit Sennesblättern)
- Chemische Abführmittel (z. B. Dulcolax®, laktulosehaltige Abführmittel)

Antiepileptika

Antiinfektiva (gegen Infektionen)
- Cefuroxim
- Clavulansäure
- Colistin
- Framycetin
- Minocyclin
- Paromomycin
- Pentamidin
- Rolitetracyclin
- Tetroxoprim

Schmerzmittel
- Acetylsalicylsäure (Aspirin®)
- Metamizol (Novalgin®)

Asthmamittel
- Orciprenalin
- Theophyllin

Brechreiz hemmende Mittel
- Metoclopramid

Herzmittel
- Alprenolol
- Carbochromen (gegen Angina pectoris)
- Chinidin (gegen Herzrhythmusstörungen)
- Dihydralazin
- Prajmalin
- Verapamil

Immunsuppressiva
- Cyclosporin

Lokalanästhetika
- Pancuronium
- Prilocain/Alcuronium

Parkinsonmittel
- Dopamin

Mittel gegen rheumatische Erkrankungen
- Acemitican
- Chloroquin

Ulkusmittel (gegen Magengeschwüre)
- Pirenzepin

Vitamine
- Vitamin C (hoch dosiert)
- Vitamin B1 (hoch dosiert)

Antiepileptika

Mittel, um Krampfanfälle zu therapieren, können unter Umständen eine Typ-IV-Allergie auf Lebensmittel auslösen. Es werden keine Antikörper gebildet. Die Reaktion läuft direkt über T-Zellen. So wie bestimmte Stoffe wie Nickel bei häufigem Kontakt zur Hautoberfläche eine lokale Hautreaktion an dieser Stelle auslösen können, verursachen bestimmte Stoffe wie Antiepileptika eine ähnliche Reaktion, und zwar in diesem Fall an den Schleimhäuten im Magen-Darm-Bereich.

Wenn Sie regelmäßig diese Medikamente einnehmen müssen und in letzter Zeit immer öfter an Erbrechen, Durchfällen oder Luftnot und vielleicht auch an einem juckenden Hautekzem leiden, dann sollten Sie von Ihrem Arzt prüfen lassen, ob Sie eventuell eine Typ-IV-Allergie gegen ein Nahrungsmittel entwickelt haben. Aber auch Erschöpfungszustände, Kopfschmerzen, Muskelschmerzen und Gelenkentzündungen sowie Gefäßentzündungen sollten Sie unter dieser Fragestellung abklären lassen. Bei Kindern kann sich die Allergie auch als Gedeih- und Wachstumsstörung äußern.

Durch die regelmäßige Einnahme rufen Antiepileptika eine lokale allergische Reaktion auf den Schleimhäuten hervor. Mittel gegen Anfallsleiden können zu einer Typ-IV-Allergie führen. Folgende Symptome deuten darauf hin: Erbrechen, Durchfall, Asthma, chronisch-juckendes Hautekzem, Erschöpfungszustände, Kopfschmerzen, Gelenkentzündungen bis hin zu einer Gefäßentzündung.

Antiinfektiva

Um Infektionen mit Bakterien zu bekämpfen, verwendet der Arzt sowohl Antibiotika, die aus dem Schimmelpilz gewonnen werden, als auch künstlich hergestellte Stoffe wie z. B. Cephalosporine, Sulfonamide, Tetrazykline usw. Man fasst diese Arzneien unter dem Oberbegriff »Antiinfektiva« zusammen.

Antiinfektiva werden auch noch dahingehend unterschieden, ob sie Bakterien speziell bei der Vermehrung hemmen (bakteriostatisch) oder ob sie Bakterien abtöten (bakterizid). Bei letzteren kommt es durch den Zerfall der Bakterien zur Freisetzung von Giftstoffen (Endotoxine), die das Immunsystem für längere Zeit lahm legen können. Gleichzeitig führt ein erhöhter Endotoxinspiegel zu einer vermehrten Durchlässigkeit der Darmschleimhaut. Über diese »Löcher« können wiederum Bakterien aus dem Darm in den Körper gelangen und trotz Therapie mit einem Antiinfektivum eine Entzündung am Laufen halten.

Darüber hinaus können auch noch halb verdaute Nahrungspartikelchen hindurchschlüpfen, die der Körper als fremd erkennt und dagegen mobil macht. Typ-IV-Allergien sind mit hoher Wahrscheinlichkeit bei entsprechender Veranlagung die Folge.

Auch eine Histaminose ist möglich

Außerdem können bestimmte Antiinfektiva (siehe Seite 48) auch über einen anderen Mechanismus eine Unverträglichkeit bewirken: Sie hemmen das Enzym, welches das Histamin im Darm abbaut. Histamin ist in einigen Lebensmitteln, die haltbar gemacht wurden, besonders reich enthalten. Dazu gehören Sauerkraut, alter Käse, Schinken, Salami, Fischkonserven und Rotwein. Frische Nahrungsmittel sind nahezu frei von diesem Gewebehormon, das für die Auslösung von allergischen Reaktionen eine entscheidende Rolle spielt.

Der Verzicht auf gereiften Käse und Rotwein tut Feinschmeckern zwar weh, ist aber doch ohne allzu große Einbußen an Lebensqualität durchführbar. So kommt man einer eventuellen Histaminose schnell auf die Spur.

Rasche Reaktion ist ein Fingerzeig

Ein wichtiger Hinweis auf diese so genannte Histaminose sind Beschwerden, die eine halbe bis eine Stunde nach dem Genuss der oben genannten Speisen auftreten. Entscheidend ist, dass gleichzeitig Präparate zur antiinfektiven Therapie eingenommen werden. Hinweise sind z. B. tränende, feuchte Augen, Bluthochdruck, schneller Puls, rotes Gesicht, metallischer Geschmack, Kopfschmerzen, Luftnot bis hin zur Schwellung des Gesichts (Gesichtsödem).

Handelt es sich hingegen um eine Typ-IV-Reaktion auf das Arzneimittel, so können die Beschwerden irgendwann nach Beginn der Therapie und bis zu drei Tage nach ihrer Beendigung auftreten. Der Typ IV braucht ein bis drei Tage, bis er sich bemerkbar macht, obwohl das allergische Geschehen im Körper schon seinen Lauf nimmt.

Aspirin und andere Schmerzmittel

Das weltweit am häufigsten verwendete Schmerzmittel ist nach wie vor Aspirin (Acetylsalicylsäure, ASS). Allseits wird seine gute Verträglichkeit geschätzt. Kaum bekannt ist, dass Aspirin zu Pseudoallergien führen kann. Indem es ein bestimmtes Enzym (Cyclooxigenase) hemmt, das vor allem die Produktion von gefäßerweiternden Substanzen (Prostacyclin PGI 2 und PGI 3) steuert, bekommen die gefäßverengenden Stoffe (Leukotrien B4, Thromboxan A2), die immer im Körper vorhanden sind, ein Übergewicht und damit mehr Wirksamkeit.

Vermutlich führt dieser Mechanismus zur Verengung der Bronchien und zu Asthma bronchiale. Letzteres läuft über die Freisetzung von Histamin aus den Mastzellen, die mit der Enzymhemmung zusammenhängt. Ansonsten kann die Pseudoallergie, die unter dem Namen

»Aspirinasthma« bekannt geworden ist, wie die Typ-I-Allergie ablaufen, d. h., es kann zur Nesselsucht kommen, zur laufenden Nase und roten Augen, Luftnot sowie Blutdruckabfall. Die Symptome treten schon 20 bis 30 Minuten nach der Einnahme auf. Antikörper sind nicht nachweisbar. Neben Aspirin können auch alle so genannten nichtsteroidalen Antirheumatika (Diclofenac, Propyphenazon) zu diesen Beschwerden führen.

Kreuzreaktionen mit Farbstoffen

Wer unter der Pseudoallergie durch Einnahme von Aspirin und ähnlichen Arzneien leidet, der sollte keine gefärbten (Azofarbstoffe) und konservierten Nahrungsmittel essen. Zwischen den Azofarben und den natürlichen Konservierungsstoffen Salizylsäure und Benzoesäure bestehen so genannte Kreuzreaktionen. Wer also Fertigprodukte isst, obwohl er von seiner Pseudoallergie weiß, setzt sich der Gefahr aus, die gleichen Beschwerden zu bekommen.

Als Vorbeugungsmittel gegen Herzinfarkt ist Aspirin besonders in den USA in Mode gekommen. In Anbetracht der möglichen Nebenwirkungen ist aber die unkontrollierte Einnahme nicht empfehlenswert.

Der Abbau von Histamin wird gehemmt

Wie bei den Antiinfektiva gibt es noch die Beeinflussung des Histaminabbaus, so dass bestimmte Lebensmittel nicht vertragen werden, wenn sie bei gleichzeitiger Therapie mit Aspirin oder auch Novalgin® (= Metamizol) gegessen werden. Wenn man Schmerzmittel einnehmen muss und dabei gern haltbar gemachte Lebensmittel isst oder auch Rotwein genießt, dann kann man Beschwerden wie bei einer Allergie bekommen. Ursache ist eine arzneimittelbedingte Hemmung des Abbaus von Histamin, das in hohen Konzentrationen in diesen Lebensmitteln enthalten ist. Achten Sie deshalb unter Einnahme von bestimmten Schmerzmitteln darauf, welche Lebensmittel Sie essen. Vielleicht rühren Ihre Beschwerden daher.

Aggressiv zur Magenschleimhaut

Da bekannt ist, dass Aspirin zu einer Entzündung der Magenschleimhaut bis hin zur Magenblutung führen kann, muss damit gerechnet werden, dass sich der Entzündungsprozess bis auf die Schleimhaut im Dünndarm ausdehnt. Entzündungen haben immer eine vermehrte Durchlässigkeit der Schleimhaut zur Folge. Hierüber können antigene Partikel eindringen und neben den oben beschriebenen Symptomen

Wer unter Asthma leidet, hat ohnehin fast immer auch ein erhöhtes Allergierisiko. Der Speisezettel sollte auf eine möglichst allergenarme Ernährung abgestimmt sein.

zusätzlich Allergien – eventuell Typ I oder Typ IV – auslösen. Grundsätzlich sollte man deshalb mit der Einnahme von Arzneimitteln immer zurückhaltend sein, auch wenn es sich um so bewährte Präparate wie Aspirin oder Novalgin® handelt.

Asthmamittel

Orciprenalin und Theophyllin können über Hemmung des Histaminabbaus Beschwerden nach Genuss bestimmter Lebensmittel verursachen (siehe unter Antiinfektiva). Konservierte Lebensmittel, deren Histidingehalt durch Bakterien in das Gewebehormon Histamin umgewandelt wurde, können unter diesen Umständen allergieähnliche Symptome hervorrufen. Praktisch bedeutet das:

- Sauerkraut, Fischkonserven, gereiften Käse, Schinken, Salami und Rotwein bitte nicht essen bzw. trinken, wenn gleichzeitig Asthmamittel eingenommen werden.
- Hoher Blutdruck, rotes Gesicht, tränende Augen, Kopfschmerzen, Hitzegefühl und Engegefühl in der Kehle können die Folge eines gehemmten Histaminabbaus sein.

Reifer Käse gehört zu denjenigen Nahrungsmitteln, die mit vielen Pharmaka eine Wechselwirkung eingehen und so allergische Reaktionen auslösen. Deshalb sollten insbesondere Patienten mit Asthma, Herz- oder Magenproblemen besser auf seinen Genuss verzichten, wenn sie entsprechende Medikamente einnehmen müssen.

Brechreiz hemmende Mittel

Auch hier kann es zu den gleichen Wechselwirkungen mit dem Enzym DAO kommen, so dass der Genuss bestimmter Speisen und die gleichzeitige Einnahme von z. B. Metoclopramid allergieähnliche Beschwerden verursachen kann.

Isst man konservierte Lebensmittel und nimmt gleichzeitig Arzneimittel ein, um einen Brechreiz zu hemmen, dann kann es gerade in dieser Kombination als Nebenwirkung zu Übelkeit kommen – was man eigentlich verhindern wollte.

Die Symptome der Histaminose und einer akuten Krise bei vorgeschädigtem Herz-Kreislauf-System ähneln sich sehr. Wer Herzmittel einnimmt, sollte deshalb beim Auftreten der beschriebenen Symptome sofort einen Arzt rufen.

Herzmittel

Haben Sie schon öfter an sich beobachtet, dass Sie nach dem Essen plötzlich Herzklopfen verspüren, einen schnellen Puls und Schwindelgefühle bekommen?

Der Blutdruck fällt unter die normalen Werte von 140/80 mmHg ab. Sie stellen die Vermutung an, dass Sie zu viel gegessen haben oder Ihre blutdrucksenkenden Medikamente versehentlich doppelt eingenommen haben. Manchmal gehen die Beschwerden so weit, dass der Kopf rot wird, Kopfschmerzen auftreten und ein Engegefühl im Hals entsteht. Aber auch Magen-Darm-Beschwerden können auftreten.

Überlegen Sie in diesem Fall, ob Sie eines der genannten Medikamente einnehmen bzw. vor 30 Minuten bis einer Stunde alten Käse, z. B. alten Gouda, Roquefort oder Parmesan, gegessen und dazu Rotwein (insbesondere Bordeaux und Chianti) getrunken haben. Des Weiteren gehören Fischkonserven, Schinken oder Salami ebenso wie Sauerkraut zu den Lebensmitteln, die in Verbindung mit den besagten Medikamenten eine Histaminose auslösen können.

Gewebehormone im Überschuss

Was passiert dabei? In den aufgeführten Nahrungsmitteln haben die Bakterien das Histidin in Histamin umgewandelt. Normalerweise baut ein Enzym im Darm (Diaminooxidase = DAO) dieses Histamin ab, bevor es in den Blutkreislauf gelangt und Schaden anrichten kann.

Die oben genannten Medikamente hemmen aber die Wirkung dieses Enzyms, so dass hohe Histaminspiegel im Blut die Folge sind. Dieses Gewebehormon ist ein Stoff, der vom Organismus selbst produziert wird, aber z. B. in den so genannten Fresszellen (Makrophagen) eingeschlossen ist. Bei Entzündungsprozessen oder Allergien kommt es zur Öffnung der Zellen und damit zur Freisetzung von Histamin. Die Durchblutung und Durchlässigkeit der Gefäße wird erhöht, Flüssigkeit sammelt sich an (Ödembildung), und Immunabwehrzellen drängen heran. Dies sind alles wichtige Reaktionen, um eine Entzündung zu bekämpfen.

Im Fall einer Allergie oder Histaminose ist jedoch keine Entzündung vorhanden, sondern es kommt aufgrund von Fehlregulationen zum »falschen Polizeieinsatz«. Gesundes Gewebe wird dabei zerstört. Im schlimmsten Fall, so wird vermutet, können durch eine Histaminose sogar Angina-pectoris-Anfälle oder ein Herzinfakt ausgelöst werden. Auch wenn Sie Magen-Darm-Beschwerden haben, sollten Sie überlegen, ob die beschriebenen Situationen bei Ihnen vorhanden sind und die Symptome eventuell dadurch hervorgerufen wurden.

Vor einem operativen Eingriff oder einer langfristigen Behandlung mit Medikamenten sollten Sie den behandelnden Arzt auf bestehende Allergien oder Unverträglichkeiten hinweisen, um Wechselwirkungen mit Arzneimitteln zu vermeiden.

Immunsuppressiva

Das Medikament Cyclosporin, das nach Organtransplantationen eingenommen werden muss, um zu verhindern, dass der Körper das neue Organ abstößt, hemmt ebenfalls das Enzym Diaminooxidase.

Eine Histaminose kann die Folge sein, wenn bestimmte Lebensmittel gegessen werden.

Lokalanästhetika

Diese Mittel werden verwendet, um eine Narkose vorzubereiten. Es ist normalerweise in Krankenhäusern nicht üblich, dass man konservierte Nahrungsmittel zu essen bekommt. Von daher ist die Kombination dieser Lebensmittel mit der Verabreichung von Lokalanästhetika oder Mitteln zur Vorbereitung auf eine Narkose eher unwahrscheinlich. Der Vollständigkeit halber soll aber an dieser Stelle darauf hingewiesen werden, dass die genannten Medikamente ebenfalls das Enzym hemmen, welches den Abbau von Histamin steuert.

Der gleichzeitige Verzehr histaminhaltiger Nahrungsmittel löst dann körperliche Beschwerden aus. Beobachten Sie jedoch nach der Anwendung von Lokalanästhetika ein juckendes Hautekzem, ein geschwollenes Gesicht oder sogar Fieber, dann kann es sich um eine Pseudoallergie handeln. Nach einer Lokalanästhesie sollte daher für die nächsten vier Stunden auf Nahrung verzichtet werden.

Parkinsonmittel (Dopamin)

Bei Patienten, die Dopamin einnehmen müssen, weil sie an der Parkinsonkrankheit leiden, werden Beschwerden 30 bis 60 Minuten nach dem Essen eher im Zusammenhang mit der Grunderkrankung vermutet. Dabei sollte man wissen, dass Dopamin den Abbau von Histamin im Darm als Nebenwirkung hemmt.
Wenn man nun bestimmte Käsesorten (alter Gouda, Parmesan, Roquefort), Salami, Schinken oder Sauerkraut gern isst, dann sollte man ein Verzehrtagebuch führen und notieren, welche Beschwerden aufgetreten sind und was man zuvor gegessen hat. Auch die Mengen, ob viel oder wenig, sind zu notieren. Es geht darum, festzustellen, ob Herzklopfen, ein rotes Gesicht, Kopfschmerzen, Luftnot oder auch Magen-Darm-Beschwerden nur nach dem Essen von histaminreichen Lebensmitteln auftreten. In diesem Fall liegt eine Histaminose vor, und es empfiehlt sich, in Zukunft darauf zu verzichten und eher frische Nahrungsmittel (z. B. Joghurt oder Frischkäse) zu genießen.

Sprechen Sie mit Ihrem Arzt darüber, ob es sich bei Ihren Beschwerden um eine Histaminose oder eventuell um eine Pseudoallergie als Nebenwirkung auf die genannten Rheumamittel handelt.

Mittel gegen rheumatische Erkrankungen

Mittel gegen rheumatische Erkrankungen können über zwei Wege unangenehme Beschwerden einige Zeit (eine halbe bis eine Stunde) nach dem Essen auslösen. Zum einen hemmen die genannten Arzneien den Abbau von Histamin (durch Hemmung der Diaminooxidase), und zum anderen können sie sogar direkt die Mastzellen zur Ausschüttung von Histamin anregen.
Der erste Mechanismus tritt nur ein, wenn Sie bestimmte Lebensmittel essen, die aus Gründen der Haltbarkeit bearbeitet wurden. Durch bestimmte Bearbeitungsarten kommt es zur Histaminbildung. Wenn diese Lebensmittel gegessen werden und man gleichzeitig Medikamente einnimmt, die den Abbau von Histamin hemmen, dann wird die Histaminose hervorgerufen.

Späte Reaktion erschwert die Diagnose

Bestimmte Lebensmittel können darüber hinaus unabhängig davon, was man gegessen hat, zu einer Leerung der körpereigenen Histaminspeicher führen. Die Histaminvorräte werden bei Entzündungen gebraucht. Eine Freisetzung führt zu Symptomen, als ob man krank wäre. Kopfschmerzen, ein roter Kopf, Luftnot, Herzklopfen, Kreislauf-probleme sind die Folge. Diese Reaktionen setzen aber mit einer Zeitverzögerung von 24 bis 72 Stunden ein, so dass ein Zusammenhang oft übersehen wird. Um dies zu vermeiden, sollten grundsätzlich Beschwerden, die unter der Einnahme von Medikamenten gegen rheumatische Beschwerden auftreten, auf einen eventuellen Zusammenhang hin untersucht werden.

Ulkusmittel

Nehmen Sie Vitamin- und Mineralstoffpräparate nur in nutritiven Mengen, also Mengen, wie sie in einer gesunden Nahrung enthalten sind, ein. Hoch dosierte Zufuhr einzelner Vitamine oder Mineralstoffe sollte nur unter ärztlicher Kontrolle erfolgen.

Personen, die unter Magengeschwüren leiden, verzichten meist sowieso auf den Genuss von altem Käse oder haltbaren Wurstsorten bzw. auch auf Sauerkraut und Rotwein. Wer aber aus alter Gewohnheit heraus trotz seines Magengeschwürs, das mit Pirenzepin behandelt wird, die oben genannten Nahrungsmittel verzehrt, kann eine Histaminose auslösen (siehe Seite 37ff.). Die Ursache des Magengeschwürs ist das Bakterium Helicobacter pylori, das mit Antiinfektiva bekämpft wird. Das Magengeschwür heilt dann auf Dauer aus.

Vorsicht vor den schnellen Fitmachern

Hoch dosierte Vitamine

Eine Histaminose – ein Überschuss an Histamin – kann auch durch die hoch dosierte Einnahme einzelner Vitamine hervorgerufen werden. Während man beim Verzehr vitaminreicher Lebensmittel kaum des Guten zu viel tun kann, ist die unkontrollierte Einnahme hoher Mengen von Vitaminen nicht immer harmlos. Es wurde nachgewiesen, dass hoch dosiertes Vitamin C oder auch Vitamin B1 das Enzym Diaminooxidase hemmen können.

Wenn gleichzeitig Lebensmittel verzehrt werden, die durch bestimmte Verarbeitungsschritte haltbar gemacht wurden und deshalb viel Histamin enthalten, können Beschwerden eine halbe bis eine Stunde nach dem Essen auftreten. Ein roter Kopf, Luftnot, schneller Puls, Blutdruckabfall mit Schwindel, manchmal auch Magen-Darm-Beschwerden sollten den Verdacht auf einen möglichen Zusammenhang lenken. Eine genaue Beobachtung, was man gegessen hat und wann welche Beschwerden aufgetreten sind, hilft hier weiter.

Bäcker- oder Bierhefe

Hefe wird gern zur Einnahme empfohlen, da sie viele B-Vitamine enthält. Wer jedoch unter hohem Blutdruck leidet oder Arzneimittel wie MAO-Hemmer einnehmen muss, sollte insbesondere auf den Verzehr von Hefeextrakten verzichten. Darin können größere Mengen des blutdrucksteigernden Tyramins enthalten sein. Tyramin wird u. a. auch für Migräneanfälle verantwortlich gemacht. Eine Typ-I-Allergie gegen Hefe wird eher selten entwickelt.

Die Zutatenliste vieler schneller Küchenhelfer wie z. B. Fixprodukte liest sich eher wie eine chemische Versuchsanordnung als wie eine Nahrungsmittelbeschreibung. Wenn Unverträglichkeiten auftreten, ist kaum noch auszumachen, welcher der vielen Zusatzstoffe dafür verantwortlich sein könnte.

Kritische Zusatzstoffe in Lebensmitteln

Der Verzehr von Fertignahrungsmitteln nimmt ständig zu. Vor allem Berufstätige greifen immer häufiger zu dieser bequemen Form des Kochens. Meist muss nur noch aufgetaut oder unter Hinzufügung von Wasser kurz gekocht werden. Zeit zu sparen, ist hier der wesentliche Vorteil. Damit uns diese verarbeiteten Lebensmittel schmecken und auch haltbar sind, wird mit Farbstoffen, Geschmacksstoffen und Konservierungsmitteln nachgeholfen.

Fatale Mixtur – Lightprodukte

Wer abnehmen möchte oder zumindest das Zunehmen stoppen will, greift gern zu den so genannten Lightprodukten. Diese haben einen hohen Wasseranteil, um Fett zu sparen. Damit die Lebensmittel fest werden oder besser zu verarbeiten sind, hilft man mit Verdickungsmitteln oder mit Emulgatoren nach. Lightprodukte können ohne Zusatzstoffe nicht produziert werden. Insgesamt sind in der neuesten Verordnung der Europäischen Union 296 Stoffe als Zusatz in Lebensmitteln erlaubt. Experten der EU äußern sich dahingehend, dass dadurch kein gesundheitlicher Schaden zu erwarten sei. Wir wissen aber heute, dass es Menschen gibt, deren Immunsystem auf diese Stoffe reagiert und die oft Jahre mit der Diagnose, psychosomatische Beschwerden zu haben, leben müssen. Es ist oft dem Zufall zu verdanken, dass dann der eigentliche Verursacher, nämlich bestimmte Lebensmittelzusatzstoffe, als Auslöser gefunden wird. Die einzige Behandlung besteht darin, diese Stoffe wegzulassen, indem Sie auf Fertigprodukte verzichten.

Das Auge isst mit – und deshalb wird den natürlichen Farben der Lebensmittel oft kräftig chemisch nachgeholfen. Leider verträgt nicht jeder die bunte Palette künstlicher Farbstoffe ohne Beschwerden.

Kritische Zusatzstoffe

Azofarbstoffe (synthetisch)

- E 102: Tartrazin
- E 110: Gelborange S
- E 122: Azorubin
- E 123: Amaranth
- E 124: Ponceau 4R
- E 151: Brillantschwarz BN
- E 154: Braun FK
- E 155: Braun HT

Weitere synthetische Farbstoffe

- E 104: Chinolingelb
- E 127: Erythrosin
- E 128: Rot 2GE
- E 129: Allurarot AC
- E 131: Patentblau V
- E 132: Indigokarmin
- E 100: Kurkumin

Naturfarbstoffe (natürlich oder naturidentisch)

- E 120: Cochenille/Karmin
- E 172: Eisen-III-Oxid, rot
- E 101: Riboflavin, Lactoflavin
- E 140: Chlorophylle
- E 141: Kupferchlorophylle

Konservierungsstoffe

- E 200: Sorbinsäure
- E 210: Benzoesäure
- E 211: Natriumbenzoat
- E 212: Kaliumbenzoat
- E 213: Kalziumbenzoat
- E 214–E 219: p-Hydroxybenzoesäure, -ester
- E 220: Schwefeldioxid
- E 221–E 228: Sulfite
- E 239: Hexamethylentetramin
- E 251: Natriumnitrat
- E 1105: Lysocym

Antioxidanzien (Konservierungsstoffe)

- E 306–E 309: Tocopherole (Vitamin E)
- E 310: Propylgallat
- E 311: Octylgallat
- E 312: Dodecylgallat
- E 320: Butylhydroxyanisol (BHA)
- E 321: Butylhydroxytoluol (BHT)

Naturstoffe in Obst und Gemüse

- Salizylsäure
- Biogene Amine (z. B. Histamin)
- p-Hydroxybenzoesäureester (siehe auch E 214 bis E 219)

Auslöser von Pseudoallergien

Hierunter versteht man Beschwerden, die in der Regel kurz nach Verzehr des auslösenden Stoffs entstehen und den Verdacht auf eine Typ-I-Allergie nahe legen. Nesselsucht, ein rotes, geschwollenes Gesicht, Luftnot, Erbrechen oder Durchfälle können Hinweise sein. Allerdings findet man bei der Blutuntersuchung keine Antikörper. Dennoch erfolgt die Histaminausschüttung aus den Mastzellen. Vermutlich können bestimmte Stoffe diese Reaktion direkt hervorrufen unter Umgehung des Immunsystems. Bisher wurden als Auslöser Farbstoffe, chemische und natürliche Konservierungsstoffe sowie Antioxidanzien gefunden.

Beim Weglassen der entsprechenden Lebensmittel hören die Beschwerden rasch wieder auf. Es können als Auslöser der Symptome sowohl künstliche als auch natürliche Stoffe infrage kommen.

Das Provozieren allergischer Reaktionen

Einige Lebensmittelzusatzstoffe können indirekt allergische Reaktionen begünstigen, weil sie bei häufigem Verzehr die Darmschleimhaut durchlässiger machen. Verdickungs- sowie Gelier- und Feuchthaltemittel werden verwendet, um Flüssigkeiten in Lebensmitteln zu binden. Das ist vor allem in Lightprodukten der Fall. Fett wird gegen Wasser ausgetauscht und der Rest eingedickt. Diese Substanzen haben die Eigenschaft, im Darm aufzuquellen, wodurch sie Wasser an sich binden. Die Aufnahme von Mineralstoffen und Spurenelementen, die alle wasserlöslich sind, wird dadurch behindert.

Vielfach übersehen wird aber die Tatsache, dass diese Stoffe die Darmschleimhaut reizen und so bewirken, dass sie eine vermehrte Durchlässigkeit für antigenes Material bekommt. In Tierversuchen konnte dies bereits nachgewiesen werden. Solche Zusatzstoffe sind z. B. im Speiseeis, in Tortenfüllungen, Brotaufstrichen (auch vegetarischen), in Cremespeisen, Fertigsuppen und Fertigsaucen enthalten. Lesen Sie regelmäßig die Zutatenlisten durch, und meiden Sie entsprechende Fertigprodukte, insbesondere die Lightversionen.

Emulgatoren

Der natürlichste Emulgator ist Milch. Wenn Sie einige Esslöffel Olivenöl ins Badewasser geben, dann schwimmt es auf der Oberfläche, weil Öl und Wasser sich nicht binden. Geben Sie ein Glas Milch unter Umrühren hinzu, dann verschwindet das Öl von der Oberfläche. Was passiert hier? Die in der Milch enthaltenen Eiweißpartikelchen können kleinste Fetttröpfchen binden und gleichzeitig in Wasser in Lösung bleiben. Sie haben eine Seite, die fettlöslich ist und eine, die wasserlöslich ist. Es bilden sich so kleine Kügelchen aus Eiweiß und Fett, deren wasserlösliche Anteile die Oberfläche des Kügelchens bilden und deren fettlösliche Anteile ins Innere zeigen.

Bei selbst gerührtem Kräuterquark oder Fruchtjoghurt sondert sich schon nach einem Tag Molke ab, und die Konsistenz ändert sich. Bei Fertigprodukten sorgen Stabilisatoren, Emulgatoren und Verdickungsmittel dafür, dass auch nach längerem Stehen im Kühlregal die Konsistenz gleichmäßig cremig bleibt.

Lezithin wird häufig verwendet

Mit Hilfe von Emulgatoren können also Fett und Wasser gleichmäßig gemischt werden. Unter Zugabe von Eindickmitteln wird diese Masse fest. Der am weitesten verbreitete Emulgator ist das Lezithin (Eiweißteilchen), das meist aus Sojabohnen oder auch aus Hühnereiern gewonnen wird. Bisher ist es in über 20000 Fertiglebensmitteln enthalten. Man geht davon aus, dass es der verträglichste aller Emulgatoren ist. Leider können aber auch Emulgatoren die Darmschleimhaut schädigen, insbesondere wenn sie in hohen Mengen konsumiert werden.

Kritische Zusätze in Lebensmitteln

Verdickungsmittel (Gelier- und Feuchthaltemittel)

- E 400–E 405: Alginsäure (und ihre Alginate)
- E 406: Agar-Agar
- E 407: Carrageen
- E 410: Johannisbrotkernmehl
- E 412: Guarkernmehl
- E 414: Gummi arabicum
- E 416: Karayagummi
- E 417: Tarakernmehl
- E 420: Sorbit, Sorbitsirup
- E 421: Mannit
- E 432–E 436: Polyoxyethylenverbindungen

Emulgatoren

- E 450: Diphosphate
- E 451: Triphosphate
- E 452: Polyphosphate
- E 466: Natriumkarboxymethylzellulose
- E 476: Polyglyzerin
- E 491: Sorbitanmonostearat
- E 492: Sorbitanmonotristearat
- E 493: Sorbitanmonolaureat
- E 494: Sorbitanmonoleat
- E 495: Sorbitanmonopalmitat

Lebensmittel und Gewürze

Gern versucht der Verbraucher, Lebensmittel in »gut« und »schlecht« aufzuteilen. Biologischer Anbau und Vollkornernährung seien grundsätzlich gut. Fertignahrungsmittel sowie Fleisch, Obst und Gemüse, mit Masthilfsmitteln bzw. Kunstdünger produziert und mit Pestizidrückständen behaftet, seien hingegen schlecht.
Diese scharfe Trennung ist angezeigt, wenn es um die Frage der Schadstoffbelastung geht. Tritt dagegen das Problem einer Nahrungsmittelunverträglichkeit auf, so muss man wissen, dass als möglicher Verursacher nahezu jedes Lebensmittel – auch ein »gesundes« – infrage kommen kann. Dies hängt von der so genannten allergenen Potenz eines Stoffs ab. Sellerie und Nickel haben hierin traurige Berühmtheit erlangt. Sie sind mit Abstand die häufigsten Auslöser von Allergien.

Sogar das kerngesunde Müsli birgt ein hohes allergisches Potenzial: Rohes Getreide, Nüsse und viele Obstsorten lösen besonders bei Pollenallergikern durch Kreuzreaktionen Beschwerden aus.

Entstehung einer Lebensmittelallergie

Ob nun jemand eine Allergie oder Pseudoallergie auf ein oder mehrere Nahrungsmittel entwickelt, wird von verschiedenen Faktoren gesteuert. Die wichtigsten, die sich gleichzeitig gegenseitig beeinflussen, sind:

- Eine ererbte Schwäche im Immunsystem
- Die Umweltbedingungen, d. h. welche möglichen Schadstoffe man durch die Ernährung zuführt, ob man kritische Medikamente einnimmt und welchen Umweltschadstoffen man ausgesetzt ist

Von dieser individuellen Situation werden Stoffe abgegrenzt, die erstens durch die Verarbeitung von Lebensmitteln oder zweitens durch Verderben entstehen und dosisabhängig zu Beschwerden führen. Dies sind z. B. große Mengen der Gewebehormone Histamin und Tyramin oder Bakterien wie Salmonellen und Botulismuskeime. Als dritte Möglichkeit gibt es die Auslösung von Krankheitssymptomen, weil bestimmte Arzneimittel (z. B. Aspirin) eingenommen und gleichzeitig kritische Lebensmittel (z. B. alter Käse) verzehrt werden. Ohne Einnahme dieser Arzneimittel würde das Gewebehormon wohl kaum Beschwerden auslösen, in der Kombination jedoch steigt das Risiko deutlich.

Ursachen einer Unverträglichkeit

- Es kommt zu einer allergischen Reaktion auf bestimmte Nahrungsinhaltsstoffe mit Bildung von Antikörpern (Typ I oder Typ III).
- Bestimmte Zellen des Immunsystems (CD4-Zellen) reagieren direkt mit dem Antigen (Typ IV ohne Antikörperbildung).
- Bestimmte Arzneimittel oder auch Lebensmittel können direkt die Mastzellen öffnen und so eine Histaminausschüttung auslösen (Pseudoallergie).
- Die Kombination von bestimmten Arzneimitteln mit bestimmten Lebensmitteln können durch Hemmung des Histaminabbaus zu hohen Blutspiegeln mit den entsprechenden Folgen führen.
- Verdorbene Lebensmittel können ebenfalls Beschwerden auslösen.

Risiko Darmerkrankungen

Bei einer entzündlichen Darmerkrankung ist eine sehr sorgfältig abgestimmte Diät unumgänglich. Auch nach dem Abheilen sind Rückfälle oder Folgeschäden nur durch bewusst allergenarme, schonende Kost zu vermeiden.

Es wird heute davon ausgegangen, dass ca. jeder fünfte Erwachsene unter einer Pseudoallergie auf Lebensmittel leidet. Die Ausschüttung des Gewebehormons Histamin kann durch Arzneimittel ausgelöst werden (siehe Seite 48) oder durch den Verzehr bestimmter Lebensmittel. Eine andere Unverträglichkeit wird durch Defekte in der Darmschleimhaut verursacht. Sie ist die Ursache dafür, dass eine größere Menge noch nicht ganz verdauter Nahrungspartikel in den Blutkreislauf gelangt und dort zu den allergischen Symptomen führt. Die Ausheilung der gereizten Schleimhautoberfläche führt dann wieder zum Abklingen der Beschwerden.

Wer an entzündlichen Darmerkrankungen leidet wie z. B. Colitis ulcerosa oder Morbus Crohn, an Divertikulitis oder auch Magengeschwüren sowie Zwölffingerdarmgeschwüren, lebt mit dem Risiko, eine Nahrungsmittelallergie zu entwickeln.

Typische Beschwerden

Leidet ein Kind nach dem Essen unter Bauchkrämpfen, Übelkeit, Erbrechen und Durchfällen, so liegt der Verdacht auf eine Typ-I-Allergie mit der Bildung von IgE-Antikörpern vor. Tritt begleitend Fieber auf, muss man hingegen eher an eine grippeähnliche Erkrankung mit bestimmten Viren denken. Auch grippeähnliche Symptome können mit Bauchschmerzen einhergehen – ebenso wie eine Lebensmittelvergiftung. Auch viele andere Erkrankungen durch Bakterien oder Pilze können

Stadien mit Fieber oder Bauchsymptomen haben. Bei Fieber sollte man aber immer zuerst an krank machende Keime denken. Bei Erwachsenen hingegen hat fast jeder zweite Betroffene vorzugsweise Juckreiz, Hautausschlag, Atemnot bis hin zu Bindehautentzündungen und Kopfschmerzen (Typ-I-Allergie). Selten (in ca. zehn Prozent der Fälle) kommt es zu einem starken Blutdruckabfall. Als Grundregel gilt:

- Je schneller die Symptome nach dem Essen auftreten, umso eher liegt eine Typ-I- oder eventuell auch eine Pseudoallergie vor.
- Die Typ- IV-Allergie braucht oft ein bis drei Tage, bis man sie spürt.
- Übelkeit, Erbrechen, Blähungen oder auch Bauchkrämpfe eine halbe bis eine Stunde nach dem Essen lassen an eine Histaminose denken, wenn bestimmte Arzneimittel gleichzeitig mit typischen Lebensmitteln verzehrt werden (siehe Seite 38f.).

Wer Getreide zum Backen oder für das Müsli selbst mahlt, muss besonders auf Schimmelpilzbefall achten. Die Vorräte sollten klein gehalten und kühl, dunkel und trocken gelagert werden. Die Mühle muss immer sorgfältig gereinigt werden.

Getreide und Getreideprodukte

Hafer, Mais, Reis und Roggen führen eher selten zu einer Unverträglichkeit. Weniger als 0,5 Prozent der Typ-I-Allergien sind durch Hafer ausgelöst. Ebenso selten sind Unverträglichkeiten von Mais und Reis sowie Roggen. Am ehesten sind die Eiweißanteile die Verursacher. Durch Erhitzen auf 120 °C wird die antigene Wirkung abgeschwächt. Wer also zu Allergien neigt, sollte sein Frühstücksmüsli mit Haferflocken nicht roh essen, sondern eher einen gekochten Haferbrei bevorzugen. Zusätzlich sollte bei Getreide sehr sorgfältig auf Schimmelpilzbefall geachtet werden, da auch dieser eine Allergie auslösen kann.

Hirse

Hier gelten ebenfalls die oben aufgeführten Hinweise. Für Indienreisende sei hier noch ein Ratschlag gegeben: Es gibt in diesem Land eine Hirseart, die in der Regenzeit von Schimmelpilzen (Sorosporium paspali) befallen wird.

Das Gift dieses Schimmelpilzes führt zu Schwindel, Schläfrigkeit, Zittern bis hin zu Erbrechen und Darmkoliken. Die Symptome können drei Tage lang anhalten. Durch Kochen und Weggießen des Kochwassers kann die Hirse entgiftet werden.

Kritische Getreidearten bei Allergien

- Dinkel
- Hafer
- Hirse
- Mais
- Reis
- Roggen
- Weizen
- Weizenkleie

Weizen

Weizen gehört mit zu den wichtigsten Grundnahrungsmitteln in Deutschland. Trotzdem verträgt ca. jeder 300. Bundesbürger dieses Lebensmittel nicht. Experten gehen davon aus, dass diese Unverträglichkeit oft nicht erkannt wird, da es auch so genannte latente Formen gibt und die Symptome unter Umständen erst im Erwachsenenalter auftreten. Bei Kindern sollten Gedeihstörungen, Kleinwuchs, Blähungen, Durchfälle und Blutgerinnungsstörungen immer auf eine mögliche Weizenunverträglichkeit hin untersucht werden.

Bei Erwachsenen muss die Hauterkrankung Dermatitis herpetiformis auf eine Allergie hin abgeklärt werden. Auslöser sind die Gliadine, die im Gluten des Weizens enthalten sind. Deshalb wird dieses Allergiebild auch als Glutenenteropathie bezeichnet. Der Begriff »Zöliakie« wird gleichbedeutend gebraucht (siehe Seite 41ff.).

Glutenfreie Getreidesorten sind:
- **Buchweizen**
- **Hirse**
- **Mais**
- **Reis**

Unumgänglich – die glutenfreie Diät

Wenn in einer Familie ein Zöliakiefall vorliegt, sollten sich die Familienmitglieder auf eine »asymptomatische Glutenallergie« hin untersuchen lassen, da auch Personen ohne Beschwerden eine veränderte Darmschleimhaut durch den ständigen Allergenreiz haben können (siehe Seite 43). Das Risiko, Dünndarmkrebs zu entwickeln, ist auch bei symptomfreien Allergikern erhöht, kann aber durch Einhalten einer glutenfreien Diät wieder gesenkt werden. Weitere allergene Eiweißstoffe, die zum Glutenkomplex gehören, sind Glutelin, Globulin und Albumin. Ein gehäuftes Auftreten der Erkrankung wird auch bei Typ-I-Diabetikern (Jugenddiabetes) beobachtet. Manchmal ist bei Erwachsenen ein Eisenmangel der einzige Hinweis auf eine latente Zöliakie.

Symptome sind oft schwer zu deuten

Viel schwieriger ist die Diagnosestellung, wenn Nervenstörungen (z. B. gestörter Achillessehnenreflex, gestörtes Hautempfinden) bis hin zur Gangunsicherheit und Verwirrtheitszuständen auftreten. Außerdem sollte ein unerklärlicher Schmelzdefekt an den Zähnen eine Untersuchung auf Zöliakie einleiten.

Auch Fertilitätsstörungen, Osteoporose, Aphthen im Mund (= schmerzhafte Geschwüre), Arthritis oder andere Gelenkbeschwerden bis hin zu unklaren Leberenzymerhöhungen konnten bereits bei manchen Patienten auf eine Glutenunverträglichkeit zurückgeführt werden. Der Verzicht auf Weizen und andere glutenhaltige Getreidearten wie Roggen und Gerste gilt ein Leben lang. Solange Sie nicht mehr als 50 Gramm Hafer pro Tag essen, treten normalerweise keine Beschwerden auf. Reis und Mais werden vertragen.

Gesünder und schmackhafter als die sägemehlartige Weizenkleie sind Ballaststoffe in natürlicher Form. Neben Vollkornprodukten sind vor allem Kohlgemüse, Hülsenfrüchte und Äpfel gute Quellen.

Weizenkleie

Wer aufgrund falsch zusammengesetzter Nahrung zu viel schnell resorbierbare Kohlenhydrate (Süßigkeiten) sowie zu wenig Obst und Gemüse isst und stattdessen Weizenkleie nimmt, um seine Verdauungsprobleme zu bekämpfen, der treibt im übertragenen Sinne den Teufel mit dem Belzebub aus. Wenn die Weizenkleie nicht unter das Essen gemischt, sondern nur zusammen mit Flüssigkeit eingenommen wird, dann funktioniert dies wie ein raues Peeling für die zarte Darmschleimhaut. Kleie kann kaum verdaut werden und bleibt deshalb als Ballaststoff im Darm. In natürlicher Aufbereitung wie z. B. in Gemüse kommt es zu keiner Reizung der Darmschleimhaut. Werden aber hoch konzentrierte Ballaststoffe geschluckt, dann hat das die Wirkung von Schmirgelpapier. Die Darmoberfläche wird aufgeraut und damit durchlässiger für antigenes Material.

Eine Neigung zur Nahrungsmittelallergie kann die Folge überhöhter, hoch konzentrierter und häufiger Ballaststoffeinnahme in Form von Kleie sein. Wer unter Verdauungsproblemen wie Verstopfung oder Blähungen leidet, sollte seine Ernährung ballaststoffreich und mit möglichst unverarbeiteten Nahrungsmitteln gestalten. Viel frisches Gemüse, Rohkost und Vollkornbrot bringen den trägen Darm in Schwung. Zusätzlich helfen eine ausreichende Versorgung mit Flüssigkeit und viel körperliche Bewegung.

Das verlockend vielfältige Angebot an frischem Gemüse auf Märkten ist leider nicht für jeden unproblematisch. Allergiker sollten bei den unten aufgeführten Sorten besondere Vorsicht walten lassen.

Gemüse und Pilze

Bei Auftreten einer Pseudoallergie auf Aspirin (verläuft wie eine Typ-I-Allergie) sollte wegen der darin natürlicherweise vorkommenden Salizylate und p-Hydroxybenzoesäureester auf folgende Gemüsearten verzichtet werden: Artischocken, Erbsen, Pilze, Rhabarber, Spinat, Tomaten und Tomatenprodukte, Oliven sowie Paprika.

Avocados sind Früchte eines südamerikanischen Lorbeergewächses und gehören botanisch zum Obst. Dennoch werden sie hier als Gemüse behandelt – dem allgemeinen Sprachgebrauch entsprechend.

Avocados

Avocados enthalten ein Kohlenhydrat, die Mannoheptulose, die bei Diabetikern vom Typ II einen hohen Blutzuckerspiegel auslösen kann. Vermutlich geschieht dies durch Hemmung der Bildung und Ausscheidung von Insulin, einem wichtigen Hormon im Zuckerstoffwechsel. Darüber hinaus kann sich auch eine Allergie entwickeln. Ca. drei Prozent aller Typ-I-Allergien sind durch Avocados verursacht.

Bohnen

Wer Bohnen roh verzehrt, braucht sich über Magen-Darm-Beschwerden nicht zu wundern. Insbesondere die Phaseolusarten enthalten Giftstoffe, die erst durch Kochen zerstört werden.

Deshalb sollte hier auf die Al-dente-Version verzichtet und die Bohnen sehr weich gekocht werden, damit die Hitzeeinwirkung lange genug besteht. Andernfalls bleiben noch genügend aktive Lektine übrig, die die Darmoberfläche so schädigen können, dass sie sich entzündet. Die Lektine gehören zu den sekundären Pflanzenstoffen mit schädlicher Wirkung. Die Folgen einer entzündeten Schleimhaut sind bekannt. Teilverdaute Nahrungspartikel können hindurchschlüpfen und eine Allergie hervorrufen. Sojabohnen sind immer häufiger die Auslöser von Unverträglichkeiten. Wahrscheinlich auch deshalb, weil das Allergen der Sojabohne (Glyzinin) hitzestabil ist. Normalerweise sollten Bohnen über Nacht eingeweicht oder im Dampfkochtopf mindestens 30 Minuten lang gekocht werden.

Besonders Veganer, die auf sämtliche tierische Nahrungsmittel verzichten, laufen Gefahr, eine Eiweißverwertungsstörung zu entwickeln. Dies kann durch die Hülsenfrüchte ausgelöst werden, die zum Ausgleich vermehrt verzehrt werden.

Erbsen

Wenn Sie Ihren Kindern reichlich Hülsenfrüchte ohne Fleisch und Käse vorsetzen, die Ernährung weitgehend frei von tierischen Produkten halten und gleichzeitig Wachstumsstörungen beobachten, dann kann dies von den so genannten Proteaseninhibitoren in den Hülsenfrüchten kommen. Das sind Pflanzenstoffe, die in hohen Dosen schädlich wirken. Durch Erhitzen können sie in ihrer Wirkung vermindert werden. Wie der Name schon sagt, wird die Eiweißverdauung gehemmt (Protease = Eiweiß; Inhibitor = Hemmer), insbesondere was die Aminosäure Methionin angeht. Diese ist in pflanzlichem Eiweiß wenig, ausreichend hingegen in tierischem Eiweiß enthalten. Methionin ist für das Gehirn und das Wachstum ein lebensnotwendiger Eiweißbaustein. Der Körper kann ihn nicht selbst herstellen, wir müssen ihn also zuführen. Untersuchungen zeigen, dass ein wenig Fleisch oder auch einige Käsewürfelchen zu Bohnen bzw. zu einem Erbsengericht die Verwertbarkeit des Eiweißes für den Organismus steigern.

Den Darm nicht zusätzlich strapazieren

Wenn Sie bereits eine entzündete Darmschleimhaut haben oder bestimmte Arzneimittel (siehe Seite 48) einnehmen, welche die Durchlässigkeit erhöhen, dann sollten Sie keine Hülsenfrüchte wie z. B. Erbsen essen. Das Eiweiß wird schlecht verdaut und kann als antigene Partikelchen durch die vorgeschädigte löchrige Schleimhaut in den Blutkreislauf schlüpfen.

Kritische Gemüsesorten bei Allergien

- Bohnen
- Erbsen
- Fenchel
- Gurken
- Kartoffeln
- Möhren
- Paprikaschoten
- Rettiche
- Sellerie
- Sojabohnen
- Spargel
- Spinat
- Tomaten
- Zwiebeln

Fenchel – Gurken – Möhren

Fenchel und Gurken sind eher selten Auslöser von Typ-I-Allergien, Möhren hingegen häufiger. Jeder achte Patient mit einer Typ-I-Allergie verträgt keine Möhren.

Um das Solanin zu zerstören, sollten Gerichte aus rohen Kartoffeln wie Gratins oder Knödel immer gut durchgegart werden. Lichteinwirkung erhöht den Solaningehalt, deshalb Vorräte immer dunkel lagern und grüne oder gekeimte Kartoffeln wegwerfen.

Kartoffeln

Bitte schneiden Sie von den Kartoffeln die unreifen grünen Stellen weg. Diese enthalten das Gift Solanin, das vor allem von Kindern viel schlechter vertragen wird als von Erwachsenen. Bekommen Kinder nach dem Genuss von Kartoffeln ein kratzendes Gefühl im Hals, Kopfschmerzen, Bauchschmerzen und Durchfälle – ähnlich wie bei einer beginnenden Erkältungskrankheit –, so kann es sich auch um eine Reaktion auf das Solanin in den Kartoffeln handeln. Da sich Solanin im Kochwasser löst, schütten Sie es bitte weg, wenn die Kartoffeln noch etwas grün sind. Ansonsten ist die Kartoffel eher selten der Verursacher einer Unverträglichkeit in Form einer Typ-I-Allergie.

Paprikaschoten – Rettiche – Chicorée

Paprikaschoten, Rettiche und Chicorée lösen selten Allergien aus. Bei Rettichen kann es jedoch zu Beschwerden kommen, wenn große Mengen verzehrt werden. Das darin enthaltene Allylsenföl kann die Schleimhäute im Magen-Darm-Trakt reizen und nicht nur akut Übelkeit und Erbrechen hervorrufen, sondern auch Wegbereiter für die Entwicklung einer Allergie gegen andere Nahrungsmittel sein. Teilverdaute Partikelchen können durch die gereizte Darmschleimhaut aufgrund der erhöhten Durchlässigkeit in den Körper gelangen. Je nach Reaktion des Immunsystems kann sich eine Allergie entwickeln.

Sellerie

Jeder Zweite mit einer Nahrungsmittelallergie vom Typ I muss auf den Genuss von Sellerie verzichten. Dieses schmackhafte Gemüse, seit alters gern als Aphrodisiakum genossen, birgt das höchste Risiko, eine Allergie auszulösen. Erschwert wird dieser Umstand dadurch, dass hier auch noch Kreuzreaktionen auftreten können. Weil in anderen Nahrungsmitteln ähnliche Stoffe wie in Sellerie enthalten sind, weitet sich die Allergie aus. Bei folgenden Gemüsesorten und Gewürzen sollten Sie deshalb als betroffener Patient zurückhaltend sein: Beifuß, Möhren, Petersilie, Anis, Fenchel, Kümmel, Mangos, Zwiebeln, Knoblauch, Tomaten, Soja, Dill, Koriander und Curry. Diese Kreuzreaktion wird auch Sellerie-Beifuß-Gewürzsyndrom genannt.

Sellerie ist ein so häufig verwertetes Gemüse, dass es bei der Nahrungsauswahl schwer zu vermeiden ist. Viele Fertigprodukte, Würz- oder Suppenmischungen enthalten Sellerie in getrockneter oder pulverisierter Form.

Sojabohnen → Bohnen

Spargel und Spinat

Spargel und Spinat enthalten Saponine, wie sie auch in Hülsenfrüchten vorkommen. Dabei handelt es sich um sekundäre Pflanzenstoffe, die zum Teil eine gesundheitsfördernde und zum Teil eine gesundheitsschädigende Wirkung haben. Saponine haben die Eigenschaft, mit Eiweiß und Fetten (Cholesterin) eine feste Verbindung einzugehen. Da die Zellwände der Darmschleimhaut im Wesentlichen aus Fett und Eiweiß bestehen, kann es zur Schädigung und damit zur erhöhten Durchlässigkeit der Darmwand kommen. Die Folgen sind vermehrter Durchtritt antigen wirkender Substanzen, wie es in diesem Buch schon mehrfach beschrieben wurde. Um dies zu vermeiden, sollten Gemüsesorten, die Saponine enthalten, mit Fett und eiweißhaltigen Nahrungsmitteln kombiniert werden. Die Kombination von Spargel mit Schinken (Eiweiß!) und Sauce hollandaise (eiweiß-, fett- und vor allem cholesterinreich) erhöht deshalb den gesundheitlichen Wert. Saponine binden Fett und Cholesterin, so dass es vom Körper nicht aufgenommen werden kann. Gleichzeitig binden sie auch noch Gallensäuren.

Etwas Fett muss sein

Gallensäuren sind Helfer beim Emulgieren von Fetten. Sie werden vom Körper selbst aus Cholesterin hergestellt und bei fettreicher Nahrung in den Darm ausgeschüttet. Gallensäuren sind wie kleine Transporter, die das Fett im Darm aufladen und es in die Darmschleimhaut hineinschleusen. Dort laden sie das Fett ab, wo es über die Lymphe in den Blutkreislauf gelangt. Die Gallensäuren verbleiben im Darm. Über einen Recyclingprozess holt sich der Körper die Gallensäuren an anderer Stelle im Darm über Resorptionsvorgänge in die Leber zurück.

Ist dies nicht möglich, weil sie durch die Saponine gebunden wurden, muss der Körper sie aus Cholesterin neu herstellen. Die Cholesterinspiegel im Blut sinken, obwohl das Menü Fett enthalten hat.

Aus den geschilderten Gründen ist es wichtig, nicht mit dem Einsparen von Fetten zu übertreiben, da ansonsten der Versuch, gesund zu leben, ins Gegenteil verkehrt wird – zumindest was die Menüzubereitung von Spargel, Spinat und Hülsenfrüchten angeht.

Tipp Spargel und Spinat sowie Hülsenfrüchte immer mit etwas Fett und tierischem Eiweiß zubereiten!

Auch in Verbindung mit einer Nickelallergie können Tomaten Beschwerden verursachen. Zu vermeiden sind dann besonders konzentrierte Zubereitungen wie Ketchup oder Tomatenmark.

Tomaten

Wer keinen Sellerie verträgt, der sollte auch bei Tomaten auf mögliche körperliche Reaktionen achten. Darüber hinaus bitte die grünen Stellen an den Tomaten wegschneiden. Sie enthalten ebenso wie grüne Kartoffeln das giftige Solanin, das vor allem bei Kindern Magen-Darm-Beschwerden hervorrufen kann.

Wer unter Bluthochdruck leidet, sollte nach einer Mahlzeit mit Tomaten den Blutdruck kontrollieren. Er kann ansteigen, da Tomaten größere Mengen des blutdrucksteigernden Stoffs Serotonin enthalten.

Zwiebeln

Es gibt Menschen, die gern viel und regelmäßig Zwiebeln essen. Geschieht dies ausgerechnet in einer Gegend, die jodarm ist, z. B. in Bayern, dann kann dadurch ein Kropf in der Entwicklung gefördert werden. Bei ausreichend Jod in der Ernährung können die so genannten strumigenen Substanzen in der Zwiebel keinen Kropf verursachen. Jodmangel lässt sich leicht vermeiden, wenn man zweimal wöchentlich Seefisch isst und mit jodiertem Speisesalz würzt.

Kritische Kräuter und Gewürze bei Allergien

- Anis
- Basilikum
- Cayennepfeffer
- Curry
- Dill
- Fenchel
- Kamille
- Knoblauch
- Koriander
- Kümmel
- Kurkuma
- Liebstöckel
- Paprika
- Pfeffer
- Pfefferminze
- Salbei
- Schnittlauch
- Sellerie
- Senf
- Thymian
- Zitronenmelisse
- Zwiebeln

Gewürze und Kräuter

Gegen alle genannten Gewürze und Kräuter sind bereits Allergien entwickelt worden. Auf Peperoni und Curry entfallen ca. fünf Prozent der Typ-I-Allergien, bei den übrigen ca. ein Prozent. Diese Allergieform tritt kurz nach dem Verzehr auf, so dass ein Zusammenhang leichter zu ermitteln ist. Bei einigen Gewürzen gibt es zusätzliche Nebenwirkungen, die man kennen sollte. Im Einzelnen sind dies Gewürzpaprika, Cayennepfeffer, Pfefferminze und Zwiebeln (siehe Seite 72).

Wer beruflich viel mit Gewürzen und Kräutern zu tun hat, hat ein erhöhtes Allergierisiko im Hinblick auf eine Typ-I- oder eine Typ-IV-Allergie. Luftnot, Hautausschläge und eine Darmentzündung können die Folge sein. Ansonsten sollten Personen, die eine Pseudoallergie auf Gewürze entwickelt haben, nur noch Salz, Schnittlauch, Zucker und Zwiebeln verwenden. Die übrigen Gewürze enthalten die natürlichen Konservierungsstoffe Salizylsäure und p-Hydroxybenzoesäure. Zu vermeiden sind auch Würzmischungen oder Kräutersalz.

Hoch im Kurs stehen ätherische Öle aus Kräutern und Gewürzen. Viele dieser konzentrierten Essenzen können allergisierend wirken, besonders wenn man sie einatmet oder als Würze in der Küche verwendet.

Paprika – Peperoni – Cayennepfeffer

Wer gern scharf isst, verwendet meist viele Gewürze, deren wichtigster Inhaltsstoff das Kapsaizin ist, welches die Schärfe ausmacht. Süßer Paprika enthält wenig, Cayennepfeffer sehr viel davon.
Kapsaizin erregt die Wärmerezeptoren im Körper, so dass einem noch während oder kurz nach dem Essen sehr heiß wird und man ins Schwitzen kommt. Das tritt vor allem bei Menschen auf, die diese Speisen selten genießen.

Wenn Sie regelmäßig sehr scharf essen, dann schädigen Sie auf Dauer Ihre Rezeptoren und verspüren deshalb die Schärfe kaum noch. Weniger Kapsaizin wäre langfristig die besserer Alternative.

Pfefferminzöl

Personen, die unter Herz-Kreislauf-Problemen leiden, sollten keine großen Mengen an Pfefferminzbonbons lutschen. Dies trifft vor allem für diejenigen zu, die auf das in Pfefferminzöl enthaltene Menthol mit Vorhofflimmern des Herzes reagieren. Bei Kindern können größere Mengen zu Übelkeit und Erbrechen führen.

Nüsse und Samen

Die Nickelallergie ist eine weit verbreitete Reaktion auf dieses Metall. Modeschmuck, der stark nickelhaltig ist, kann dann nicht mehr getragen werden. Nickelallergiker müssen aber auch bestimmte Lebensmittel meiden, da diese ebenfalls Nickel enthalten können.
Neben den Nüssen gehören Kakaoprodukte, Sojabohnen und andere Hülsenfrüchte sowie Haferflocken dazu. Im Allgemeinen sind jedoch Nüsse weit weniger häufig als Gemüse und Obst die Verursacher von Typ-I-Allergien.

Mandeln

Die Bittermandeln enthalten Blausäure, weshalb man sie an einem für Kleinkinder unzugänglichen Ort aufbewahren sollte. Normalerweise verhindert der bittere Geschmack den Verzehr einer größeren Menge. Hat ein Kind aber fünf bis zehn bittere Mandeln gegessen, dann sollte man es sofort ins Krankenhaus fahren. Diese Menge kann für ein Kleinkind bereits tödlich sein!
Ansonsten sollten auch Birkenpollenallergiker am besten auf Mandeln und Haselnüsse wegen einer möglichen Kreuzreaktion verzichten (= Birkenpollensyndrom).

Kritische Nüsse und Samen bei Allergien

- Erdnüsse
- Haselnüsse
- Kürbiskerne
- Leinsamen
- Mandeln
- Mohn
- Paranüsse
- Pinienkerne
- Pistazien
- Sesam
- Sonnenblumenkerne
- Walnüsse

Walnüsse

Walnüsse enthalten – ebenso wie Bananen und Tomaten – ausreichende Mengen des Gewebehormons Serotonin, das den Blutdruck steigen lassen kann. Bluthochdruckkranke sollten deshalb keine großen Mengen Walnüsse verzehren. Auch hier gilt die gleiche Warnung wie bei Zwiebeln. Bei gleichzeitigem Vorliegen von Jodmangel kann der regelmäßige Verzehr großer Mengen das Kropfwachstum fördern.

Gekochtes Obst in Form von Mus oder Kompott wird bei einer Allergie meist besser vertragen. Allerdings leiden beim Erhitzen auch die darin enthaltenen Vitamine.

Obst

Die Allergiereaktionen gegen Obst machen zusammen ca. ein Drittel der gesamten Allergien vom Typ I aus. Frisches Obst ist jedoch ein unersetzlicher Vitaminlieferant, deshalb kann man auch bei Verdacht auf eine Allergie nicht einfach darauf verzichten. Es gilt, den Verursacher zu finden und zu meiden. Bei Kompotten, Marmeladen und anderen Fruchtzubereitungen ist es häufig nicht das enthaltene Obst, sondern die Zusatzstoffe, die Beschwerden verursachen.

Ananas

Am häufigsten entwickelt man eine Allergie gegen das Ananasenzym Bromelain. Dieses wird durch Erhitzen zerstört. Personen mit Pseudoallergien sollten eine Zeit lang, für ca. drei Wochen, auf rohes Obst sowie Trockenobst verzichten. Auch hier finden sich natürliche Konservierungsstoffe, die Beschwerden auslösen können.

Kritische Obstsorten bei Allergien

- Ananas
- Äpfel
- Bananen
- Erdbeeren
- Grapefruits
- Kirschen
- Kiwis
- Orangen
- Pfirsiche
- Pflaumen
- Zitronen
- Zitronenöl

Viele Obstsorten werden auch reichlich mit Schädlingsbekämpfungs- und Konservierungsmitteln behandelt, die schuld an Beschwerden sein können. Deshalb alle Früchte vor dem Verzehr gründlich mit warmem Wasser abwaschen oder schälen.

Äpfel

Wer gegen Birkenpollen allergisch ist, kann ähnliche Symptome beim Verzehr von Äpfeln bekommen – unabhängig von der Jahreszeit. Es gibt Menschen, die vom Apfel auch die Kerne essen. Wenn man darauf beißt, dann kann die darin enthaltene Blausäure freigesetzt werden. Der gesundheitliche Nutzen des Apfelkernessens ist also eher fraglich.

Bananen

Wer unter zu niedrigem Blutdruck leidet, kann unbeschadet ab und zu eine Banane essen. Serotonin, das in entsprechenden Mengen auch in Walnüssen und Tomaten vorkommt, kann den Blutdruck steigern, wenn große Mengen verzehrt werden. Personen mit hohem Blutdruck sollten auf diese Nebenwirkung achten.

Erdbeeren

Sie sind vor allem Verursacher von Pseudoallergien durch darin enthaltene Stoffe, die direkt eine Histaminausschüttung unter Umgehung des Immunsystems veranlassen können.

Kirschen

Kirschen enthalten Kumarin, das die Blutgerinnung hemmt. Personen, die das Medikament Marcumar® einnehmen müssen, sollten keine größeren Mengen Kirschen essen. Es kommt sonst zu einer Verstärkung des Arzneimittels, das die gleiche Wirkung wie Kumarin hat.

Kiwis

In letzter Zeit häufen sich Meldungen über Allergien gegen Kiwis. Diese exotische Frucht enthält ein Allergenpartikelchen, das den Birkenpollen ähnlich ist. Wer eine Allergie gegen Birkenpollen hat, sollte auch beim Verzehr von Kiwis auf körperliche Reaktionen achten.

Zitronenöl

Es gibt immer noch Hausfrauen, die gern regelmäßig Zitronenöl zum Kuchenbacken verwenden. Darin ist Zitral enthalten, das die Funktion von Vitamin A hemmen kann. Regelmäßige und größere Mengen können Schleimhautschäden hervorrufen, wenn die Nahrung insgesamt zu wenig Vitamin A und Beta-Karotin enthält.

Durch die hohe Verbreitung der Allergie gegen Hühnereier gibt es inzwischen viele eifreie Produkte im Handel. Fragen Sie im Reformhaus nach Back- und Teigwaren, die ohne Eier zubereitet sind.

Tierische Lebensmittel

Hühnerei

Bei Kindern steht das Hühnerei auf Platz zwei der Auslöser für Allergien. Bisher konnten als wesentliche Antigenträger die Eiweiße Ovalbumin, Ovomukoid, Ovotransferrin und Livetin ermittelt werden. Meist liegt eine Kreuzallergie gegen Hühner- und Putenfleisch vor. Daher können Personen mit nachgewiesener Unverträglichkeit von Hühnereiern auch Geflügelfleisch nicht vertragen. Die Reaktionen setzen in der Regel kurz nach dem Verzehr ein und werden durch die Bildung von IgE-Antikörpern ausgelöst. Es handelt sich also um eine Typ-I-Allergie mit Luftnot, laufender Nase, Bindehautentzündung, Übelkeit, Erbrechen, juckendem Hautausschlag bis hin zum Kreislaufkollaps, der im Einzelfall vorkommen kann.

In vielen Fertigprodukten enthalten

Da die Antigene sowohl im rohen als auch im gekochten Ei gefunden werden, nützt das Erhitzen nicht. Das Meiden von Hühnereiern fällt schwer, da Bestandteile des Eis sehr oft bei der Zubereitung von Fertignahrungsmitteln verwendet werden. Achten Sie deshalb beim Kauf von Fertignahrungsmitteln auf die Zutatenliste. Gern wird das Eilezithin als Emulgator verwendet. Allerdings wird immer häufiger das billigere Sojalezithin z. B. in Schokolade und Eiscremes eingesetzt.

Lebensmittel mit Eigehalt

Folgende Verarbeitungsarten von Hühnereiern oder deren Bestandteilen sind üblich:

- Als Bindemittel in Speiseeis, aufgeschlagenen Saucen und Gebäck
- Als Emulgator in Cremes, Gebäck, Margarine, Mayonnaise, Saucen, Suppen und Süßspeisen
- Zur Gelbfärbung von Lebensmitteln durch die Karotinoide im Eigelb
- Als Geschmacksgeber von Kuchen, Suppen und Süßspeisen
- Als Schaumbildner in Soufflés, Meringen und Biskuits
- Als Geliermittel in Aspik, Säften sowie in Gebäck

Sojaprodukte werden von Eiallergikern vertragen. Am besten ist es aber, Sie bereiten Ihre Speisen selbst zu und verzichten weitgehend auf Fertigprodukte und Süßigkeiten. Eiweiß wird auch als Bindemittel in Würstchen verarbeitet. Deshalb sollten Sie hier immer das Kleingedruckte auf der Zutatenliste lesen.

Auch in vielen Fertigprodukten sind gereifte Käse enthalten. Bei einer Histaminose sollten Sie Käsegebäck und mit Käse überbackene Gratins meiden. Auch auf den Parmesan über den Spaghetti beim Italiener sollten Sie besser verzichten.

Käse

Frischer Käse ist eher selten der Verursacher von Typ-I-Allergien. Vielmehr sind es die älteren Käsesorten, die zu Beschwerden führen können. Diesmal läuft die Reaktion aber als Pseudoallergie unter Umgehung des Immunsystems ab. Bestimmte Stoffe im Käse können die Ausschüttung von Histamin direkt anregen. Hinzu kommt, dass alter Käse viel Histamin enthält. Wenn man bestimmte Medikamente einnehmen muss (siehe Seite 39), dann wird ein Enzym zum Abbau von Histamin gehemmt. Diese als Histaminose bezeichnete Reaktion ist eine weitere Möglichkeit, wie Käse auf unseren Organismus wirken kann.

Kritische tierische Produkte bei Allergien

- Fisch
- Huhn
- Hühnereier
- Innereien
- Käse
- Krustentiere
- Lamm
- Milch
- Rind
- Schwein

Milch

Von einer Kuhmilchallergie sind vor allem kleine Kinder betroffen. Sie ist die häufigste Ursache von Allergien. Kasein, Beta-Laktoglobulin, Alpha-Laktalbumin und Rinderserumalbumin sind die wichtigsten antigen wirkenden Bestandteile.
Wo Erwachsene eher mit Hautsymptomen reagieren, werden Kinder vor allem durch Beschwerden im Magen-Darm-Bereich sowie Bauchkrämpfe, Übelkeit und Durchfälle geplagt. Wird eine Unverträglichkeit gegen Alpha-Laktalbumin und Beta-Laktoglobulin entwickelt, so genügt es, die Milch zu kochen. Dieser Vorgang macht die Antigene unschädlich. Erhitzt man die Milch für zehn Minuten bei 100 °C im Wasserbad, wird dadurch die Aktivität der Allergene um 99 Prozent gesenkt. Wichtig ist es, die Milch nicht direkt im Topf lange zu kochen, da es beim langen Erhitzen zu einer so genannten Bräunungsreaktion kommt, bei der der Milchzucker mit dem Eiweiß reagiert. Dabei entstehen Produkte, die im Tierversuch Krebserkrankungen auslösen. Ob dies beim Menschen auch zutrifft, ist nicht bekannt.

Viele Kinder verabscheuen rohe Milch als Getränk. Häufig steckt nicht purer Eigenwille, sondern ein instinktives Verhalten dahinter, weil Kuhmilch bei ihnen Magen-Darm-Beschwerden auslöst.

Besserung mit zunehmendem Alter

Mit zunehmendem Alter verschwindet die Allergie meist. Ein Drittel der betroffenen Kinder hat auch eine Unverträglichkeit gegen Sojaeiweiß. Schafs- und Ziegenmilch sowie Stutenmilch werden hingegen meist vertragen, aber nicht gemocht. Der Eiweißbedarf muss hier vorzugsweise durch Fleisch und Fisch – wenn er vertragen wird – gedeckt werden. Pflanzlichem Eiweiß fehlen ausreichende Mengen an bestimmten Aminosäuren (z. B. Methionin), die vor allem in tierischen Produkten vorkommen und für das Wachstum der Kinder sehr wichtig sind.

Vorsicht bei Penizillinallergie

Milch sollte auch von Patienten mit starker Penizillinallergie gemieden werden. Euterinfektionen werden mit hohen Penizillindosen behandelt, wodurch das Medikament in die Milch gelangt. Es tritt zwar ein Verdünnungseffekt mit der Milch unbehandelter Tiere auf, aber Penizillinallergiker können bereits auf sehr geringe Mengen reagieren. Erstaunlicherweise wird meist Milchzucker, Butter oder sogar Crème fraîche vertragen. Sehr selten ist die Allergie so stark, dass alle Produkte gemieden werden müssen.

Fisch und Krustentiere

Fische und andere Meerestiere lösen ebenso häufig wie Eier eine Typ-I-Allergie aus. Sind Antikörper vom Typ IgE gebildet, dann kann es bereits Sekunden nach dem Verzehr des Nahrungsmittels zu Schwellungen in der Mundschleimhaut und Atemnot kommen. Ein juckender Hautausschlag kann ebenfalls auftreten. Das Ganze dauert meist ca. 30 Minuten. Dann geht es dem Betroffenen wieder besser.

Wer Probleme nach dem Verzehr von Hummer hat, der kann manchmal ebenfalls Beschwerden nach Garnelen, Shrimps, Krabben und Langusten haben. Auch bei Austern werden die so genannten Kreuzreaktionen beobachtet, obwohl diese nicht den gleichen Verwandtschaftsgrad haben. Eine mögliche Ursache vermutet man in der Nahrungsaufnahme der Austern. Sie ernähren sich auch von den kleinen Larven der Krustentiere und bauen vermutlich deren antigen wirkendes Material in den eigenen Organismus ein.

Fisch oder Muscheln können besonders heftige Unverträglichkeitserscheinungen hervorrufen. Es muss abgeklärt werden, ob es sich um eine allergische Reaktion oder eine Vergiftung durch verdorbene Meeresfrüchte handelt.

Die Frische ist entscheidend

Seien Sie vorsichtig bei Verdacht auf verdorbenen Fisch! Hier kann sich so viel Histamin gebildet haben, dass es zu Unverträglichkeiten auch ohne Typ-I-Allergie kommt. Diese Histaminose kann sogar auftreten, wenn bestimmte Arzneimittel (siehe Seite 48) eingenommen werden müssen und gleichzeitig Fischkonserven gegessen werden. Haltbar gemachter Fisch enthält meist hohe Histaminmengen.

Gefährliche Krisen durch Tyramin

Speziell vom Hummer ist bekannt, dass er Stoffe im Fleisch hat, die direkt zu einer Histaminausschüttung im Sinne einer Pseudoallergie führen können. Bestimmte Fischarten können auch Tyramin (beispielsweise in Thunfisch, Hering, Makrele und Sardine sowie im angeblich »frischen« Fisch, der schon eine Woche im Geschäft auf Eis liegt) enthalten. Das ist ein Stoff mit blutdrucksteigernder Wirkung. Er gehört zu den biogenen Aminen.

Wenn jemand aus medizinischen Gründen zur Behandlung seiner Depression MAO-Hemmer einnehmen muss, so kann er das Tyramin nicht abbauen. Es kann dann zu lebensbedrohlichen Blutdrucksteigerungen, eventuell auch zu einem Herzinfarkt kommen. Berichte über Todesfälle liegen dazu vor.

Konservierungsmittel in Shrimps

Zusätzlich muss hier noch eine Besonderheit aufgeführt werden, die der Verbraucher normalerweise nicht erfährt. Krustentiere wie z. B. Shrimps werden bereits auf hoher See gleich nach dem Fang mit dem Konservierungsstoff Sulfit (Sulfit und dessen Abkömmlinge: E 220 bis 224, E 226, E 227) behandelt, um das Auftreten von schwarzen Flecken zu verhindern. Diese als Melanose bezeichnete Reaktion entsteht durch Enzyme, die eine Oxidation auslösen (= rostig werden). Die Melanose ist für den Verzehr ungefährlich, sieht aber nicht schön aus. Man kann heute davon ausgehen, dass vor allem Shrimps ohne Ausnahme derart behandelt sind. Dies gilt auch für das Kunstprodukt (Novelfood) Surimi, ein künstlich hergestelltes »Krabbenfleisch« aus Fischabfällen. Wenn jemand unter einem Sulfitasthma leidet oder auf Aspirin Luftnot bekommt, sollte er beim Verzehr von Krustentieren zurückhaltend sein. Die Unverträglichkeit wird hier nicht durch das Lebensmittel selbst ausgelöst, sondern durch einen Konservierungsstoff.

Deutsche Metzger bieten traditionell eine besonders große Auswahl von Wurstwaren an. Dieser Vielfalt entspricht die hohe Zahl verschiedener Gewürze und Zusatzstoffe, die allergische Symptome auslösen können.

Huhn – Pute

Wer Hühnereier nicht verträgt, der sollte auch bei Huhn- oder Putenfleisch zurückhaltend sein, da sich zwischen diesen Produkten eine Kreuzreaktion entwickeln kann. Da in Deutschland wenig Geflügelfleisch im Vergleich zu Schweine- und Rindfleisch verzehrt wird, sind die Allergien selten.

Lamm – Rind – Schwein

Obwohl sich seit Ende des Zweiten Weltkriegs der Fleischkonsum verdoppelt hat, konnte keine Zunahme der Fleischallergien beobachtet werden. Es hat sich gezeigt, dass die allergenen Bestandteile durch das Braten so verändert werden, dass sie keine Allergie mehr auslösen.

Hat jemand eine Unverträglichkeit auf bestimmte Wurstarten, so hängt dies häufig nicht mit einer Fleischallergie zusammen, sondern eher mit einer heftigen Reaktion auf den Emulgator Milcheiweiß, auf Gewürze, Samen oder Körner.

Manchmal können Fleischzartmacher (Papain) oder Rückstände von Antibiotika eine heftige Allergiereaktion verursachen. Unverträglichkeiten sind auch schon als Bauchkoliken beschrieben worden, die erst vier bis acht Stunden nach dem Verzehr auftraten, obwohl bei den Patienten IgE-Antikörper als erhöht nachgewiesen werden konnten. Trotzdem blieb die Sofortreaktion aus, so dass hier vermutlich eine Mischreaktion vorliegt, bei der auch andere immunologische Vorgänge eine Rolle spielen.

Innereien

Es gibt Fallberichte über Personen, die ein bis zwei Stunden nach dem Verzehr von Innereien, z. B. Schweinenierchen, heftige allergische Reaktionen erlitten, so dass sie in ärztliche Behandlung mussten. Interessanterweise vertragen diese Menschen aber Fleisch problemlos. Die Ursache hierfür ist nicht bekannt. Vermutlich enthalten Innereien antigene Strukturen, die im Fleisch des Tieres nicht enthalten sind.

Magenempfindliche Personen vertragen mit Dampf und unter Druck hergestellten Kaffee nach italienischer Art meist besser als Filterkaffee. Durch letzteres Verfahren gelangen mehr Reizstoffe in das Getränk.

Genussmittel

Bier

Bier gehört zu den Getränken, die ebenfalls Histamin, wenn auch in geringen Mengen, enthalten. Wer eine histaminfreie Diät durchstehen muss, der sollte einige Zeit lang auch auf Bier verzichten. Es hat sich aber gezeigt, dass bei Patienten, die eine Neurodermitis haben, hierdurch eine Verbesserung des Hautzustands erreicht werden kann.

Kaffee

In unseren Breitengraden ist Kaffee ein beliebtes Getränk, vor allem wegen seiner anregenden Wirkung durch das Koffein. Eine Tasse Kaffee bzw. Espresso nach dem Essen verleiht ein lang anhaltendes Gefühl von Sättigung. Das hängt mit den Tanninen zusammen, die im Kaffee vorkommen. Sie werden auch als Gerbstoffe bezeichnet. Ihre besondere Wirkung liegt darin, dass sie u. a. mit Verdauungsenzymen reagieren. Die Folge ist, dass die Stärke in der Nahrung langsamer verdaut wird. Damit erreicht man ein lang anhaltendes Sättigungsgefühl. Tannine bzw. Gerbsäuren kommen außerdem im Tee, in Hülsenfrüchten, aber auch in Weinen vor, die in Eichenfässern gelagert wurden. Ein weiterer wichtiger Inhaltsstoff ist die Kaffeesäure, die vitaminähnliche Wirkung hat, weil sie freie Radikale (= aggressive Substanzen) neutralisieren kann. Kaffeesäure kommt ebenso in Obst und Gemüse vor.

Kritische Genussmittel bei Allergien

- Bier
- Kaffee
- Kakao
- Malz
- Sherry
- Wein

Die Wirkung von Kaffeesäure

Kaffeesäure kann die Bildung von Krebs erregenden Nitrosaminen im Magen sogar mehr hemmen, als dies Vitamin C vermag. Hohe Mengen an Kaffeesäure finden sich vor allem in Pflaumen, Salat und Auberginen, geringe Konzentrationen sind in Äpfeln, Birnen, Kirschen, Möhren und Sellerie enthalten.

Gegen diese natürlichen Radikalefänger kann man eine Unverträglichkeit entwickeln. Bislang wurden typische, allergieähnliche Symptome einige Stunden nach dem Konsum von Kaffee beobachtet. Patienten klagten teilweise über einen juckenden Hautausschlag, über Luftnot (Asthma bronchiale), über Magen-Darm-Beschwerden oder auch über Schwellungen im Rachenraum sowie am Hodensack. Es handelt sich um eine Reaktion unter Umgehung des Immunsystems. Experten vermuten einen Zusammenhang mit dem Arachidonsäurestoffwechsel, über den die Beschwerden ausgelöst werden.

Wer Kaffeesäure nicht verträgt, kann trotz eines Verzichts auf Kaffee Beschwerden bekommen, wenn er z. B. folgendes Menü konsumiert: als Vorspeise einen großen Salatteller, einen Auberginenauflauf als Hauptgericht und schließlich als Nachspeise einen Obstsalat mit Äpfeln, Birnen und Kirschen.

Kakao galt nicht immer als ein harmloses Kindergetränk, sondern hatte im 18. Jahrhundert den Ruf eines mild-anregenden Rauschmittels wie Kaffee oder Tabak. Goethe schätzte ihn als Stärkung, um auf strapaziösen Reisen frisch zu bleiben.

Kakao – Malz

Kakao und Malz (im Bier) können eher selten eine klassische Typ-I-Allergie mit Bildung von IgE-Antikörpern in Gang setzen. Im Kakao sind es vielmehr die so genannten biogenen Amine, die direkt Beschwerden bei empfindlichen Personen hervorrufen. In der Schokolade bzw. im Kakao ist es das biogene Amin namens Phenylethylamin, das auf die Gefäßwände eine Wirkung hat. Wer nach dem Genuss von kakaohaltigen Nahrungsmitteln unter Kopfschmerzen, Schwindel und Übelkeit leidet, dessen Gefäße reagieren vermutlich auf das biogene Amin unter Umgehung des Immunsystems. Diese Art der Unverträglichkeit ist schwer nachzuweisen.

Es empfiehlt sich im Verdachtsfall das Führen eines Verzehrtagebuchs. Sie müssen darin notieren, wann Sie welche Menge eines Lebensmittels gegessen haben und wann die Beschwerden auftraten. Auch die Art der Symptome sowie die Intensität muss vermerkt werden, damit Ihr Arzt eine Verdachtsdiagnose stellen kann. Weglassen verhindert die Befindlichkeitsstörungen, erneuter Verzehr in der gleichen Kombination provoziert sie.

In Kombination gesteigerte Wirkungen

Weitere biogene Amine kommen in Bananen, Walnüssen, Tomaten, Käse, Sauerkraut sowie Rotwein (vor allem im Chianti) vor. Diese Substanzen steigern den Blutdruck, was bei Personen mit hohem Blutdruck beachtet werden sollte.

Bei einer bestimmten Kombination, z. B. Tomatensalat als Vorspeise, Sauerkraut als Hauptgericht mit Bananen in Schokolade als Nachspeise sowie als Abschluss eine kleine Käseauswahl, kann der Blutdruck deutlich ansteigen. Dies umso mehr, wenn man sich dazu auch noch einige Gläser Chianti gönnt. Interessant ist, dass gerade Personen mit zu niedrigem Blutdruck oftmals Liebhaber der aufgezählten Lebensmittel mit blutdrucksteigernder Wirkung sind.

Trotz seines Histamingehalts ist Rotwein nicht nur ein Genussmittel, sondern auch von gesundheitlichem Wert. Wer keine spezifische Unverträglichkeit hat, tut sich mit ein bis zwei Gläsern Rotwein am Tag durchaus etwas Gutes.

Wein – Sherry

Diese vor allem in mediterranen Ländern sehr beliebten Getränke enthalten etliche Substanzen, die sowohl einzeln als auch in Kombination den Verzehr unangenehm werden lassen können. Selbst nach Konsum von ein bis zwei Gläsern Wein klagen manche Menschen über Übelkeit, Kopfschmerzen oder auch Schwindel und Durchfall. Sie fühlen sich nicht wohl und können in der Regel den Rotwein schnell als Verursacher finden.

Am häufigsten kommen Klagen durch den Genuss von Rotwein. Er enthält mehr Histamin als Weißwein und kann deshalb eher eine pseudoallergische Reaktion auslösen, die mit Schwellungen im Gesicht, Luftnot, Hautjucken und Magen-Darm-Beschwerden ablaufen kann.

Flavonoide in jungem Rotwein

Bei jungen Rotweinen sind es vor allem die Flavonoide (zu den so genannten Phenolen gehörig), die Kopfschmerzen und Migräne verursachen, obwohl man diesen Stoffen andererseits nachsagt, dass sie die Herzinfarktquote sinken lassen. Es kommt auch hier auf das rechte Maß an. Moderate Mengen führen normalerweise nicht zu Problemen. Wer zu viel jungen Wein getrunken hat, der hat viele Phenole im Blut, die dann sogar migräneartige Anfälle auslösen können.

Tyramin treibt den Blutdruck hoch

Im Chiantiwein werden hingegen teilweise hohe Mengen Tyramin gefunden, die ebenfalls den Blutdruck steigern. Wer bestimmte Medikamente einnimmt (so genannte Monoaminoxidasehemmer = MAO-Hemmer), muss wissen, dass dadurch mehr Tyramin in den Körper aufgenommen wird, da deren Abbau durch den MAO-Hemmer im Darm blockiert wird. Darüber hinaus wird ebenfalls der Abbau des blutdrucksteigernden Noradrenalins (= körpereigenes Gewebehormon) gehemmt. Wenn aber Symptome wie Bluthochdruck, Übelkeit, Erbrechen, Schmerzen im Magenbereich, Luftnot, starke Kopfschmerzen oder auch Verstopfung ohne Genuss von Wein oder Lebensmitteln mit biogenen Aminen auftreten, dann sollten Sie den Arzt aufsuchen und die Diagnose klären lassen. Es könnte sich auch um einen Tumor handeln, der blutdrucksteigernde Substanzen unkontrolliert produziert.

Wer den Schwefel im Wein nicht verträgt, muss auch mit Sauerkonserven, Trockenfrüchten oder Kartoffelfertigprodukten vorsichtig sein, die ebenfalls zur Konservierung geschwefelt werden.

Wenn einem der Sherry zu Kopf steigt

Würzige, hocharomatische Weine lösen schneller als andere Sorten Kopfschmerzen aus. Sie enthalten Ethylester, die sich im Gehirn anreichern und nur langsam ausgeschieden werden. Wer hier besonders empfindlich ist, der sollte auf diese Weinsorten verzichten. Die älteren und verfeinerten Sherrysorten haben einen vergleichsweise hohen Gehalt an Azetaldehyd, der zu einem heißen Gefühl im Kopf führt, zu Schwindel und Herzklopfen. Stark geschwefelte Weine werden vor allem von Personen nicht vertragen, die auf bestimmte Konservierungsstoffe reagieren. Infrage kommen hier die schwefelhaltigen Verbindungen wie Sorbinsäure E 200 und Schwefeldioxide sowie deren Abkömmlinge (E 220 bis E 228). Es wird vermutet, dass hierbei eine angeborene Enzymstörung den Abbau der schwefelhaltigen Substanzen hemmt.

Die Vielfalt der Symptome

Mögliche Beschwerden von A bis Z

Angst

Tritt Angst zusammen mit Benommenheit, Zittern am ganzen Körper, kaltem Schweiß und gelegentlich auch aggressivem Verhalten bei einem Patienten mit Zuckerkrankheit auf, dann ist die Ursache vermutlich ein zu niedriger Zuckerspiegel im Blut. Ein Stück Zucker, Schokolade o. Ä. bringt die Symptome innerhalb von Sekunden bis wenigen Minuten zum Verschwinden.

Halten die Beschwerden an, dann muss man ebenso an einen Herzinfarkt denken, der bei Zuckerkranken häufig ohne Schmerzen auftritt.

Zu niedrige Zuckerspiegel können aber auch bei gesunden Personen auftreten, nachdem sie ein bis zwei Stunden vorher große Mengen an schnell aufnehmbaren Kohlenhydraten (z. B. Süßigkeiten) verspeist haben. Hier liegt keine Lebensmittelunverträglichkeit vor, sondern eine zu träge Reaktion der Bauchspeicheldrüse.

Bleiben die Symptome trotz Verzehr von einem Stück Zucker oder dergleichen bestehen, dann sollte man einen Spezialisten aufsuchen, der nach der Ursache forscht. Das gilt auch dann, wenn die Situationen mit zu niedrigen Zuckerspiegeln gehäuft auftreten, obwohl keine Zuckererkrankung bekannt ist. Es kann auch ein Tumor als Auslöser dahinter stecken. Erst wenn organische Ursachen ausgeschlossen wurden, sollte man einen Psychiater bzw. Psychotherapeuten aufsuchen.

Angst wird in der Regel nicht durch eine Nahrungsmittelallergie ausgelöst, kann aber einen allergischen Asthmaanfall begleiten. Auch kann ein im Grunde genommen psychisches Problem durch eine vermeintliche Lebensmittelallergie überdeckt werden.

Asthma

Im Zusammenhang mit einer Lebensmittelallergie tritt Asthma selten allein auf. Typisch ist vielmehr, dass gleichzeitig neben dem Asthmaanfall auch eine laufende Nase, juckende Schwellungen im Gesicht oder am Körper und dergleichen mehr kurz nach Verzehr bestimmter Lebensmittel beobachtet werden können.

Gerade die Bronchien können durch die Psyche erweitert oder verengt werden, so dass bereits die Angst vor einem vermeintlichen allergischen Lebensmittel bzw. Stoff einen Asthmaanfall auslösen kann.

Mögliche allergische Ursachen

- *Farbstoffe:* So wie z. B. im Fall eines jungen Arbeiters in einer Lebensmittelfabrik, der ein allergisches Asthma gegen einen Lebensmittelfarbstoff entwickelte, den er einatmete.
- *Medikamente:* Nicht übersehen werden dürfen Medikamente wie Aspirin oder bestimmte Rheumamittel (nichtsteroidale Antirheumatika), die heuschnupfenartige Beschwerden mit Asthma als Nebenwirkung auslösen können.
- *Pollen:* Das Immunsystem eines Pollenallergikers kann bereits durch eine psychische Stimulation deutlich gereizt werden. So kann beispielsweise allein der Anblick eines Fotos mit blühender Wiese einen Asthmaanfall hervorrufen.
- *Lebensmittelzusatzstoffe:* Bei alleinigen Asthmaanfällen besteht auch der Verdacht auf eine Sulfitallergie (Sulfite werden als Lebensmittelzusatzstoff eingesetzt).

Kinder leiden sehr häufig unter Bauchschmerzen, ohne dass unbedingt eine Allergie dahinter steckt. Ihr zarteres Verdauungssystem reagiert viel empfindlicher auf schwer verdauliche oder blähende Kost, außerdem äußern sich auch seelische Nöte wie z. B. Schulängste durch Bauchgrimmen.

Bauchschmerzen/Magenschmerzen

Kolikartige Bauchschmerzen mit Erbrechen und Durchfall müssen vom Arzt untersucht werden. Zwar werden Lebensmittelunverträglichkeiten sehr häufig von diesen Symptomen begleitet, es kommen aber auch viele andere Ursachen infrage. Es kann sich um eine Infektion mit Bakterien oder Viren handeln oder eventuell um eine Lebensmittelvergiftung. Erst wenn diese Ursachen ausgeschlossen sind und die Beschwerden immer wieder kommen, wird nach einem allergischen Auslöser gesucht.

Mögliche allergische Ursachen

- *Medikamente, Lebensmittel und -zusatzstoffe:* Wenn Bauchschmerzen kurz nach dem Essen krampfartig auftreten und von Durchfall und Erbrechen begleitet werden, dann kann es sich um eine allergische Sofortreaktion handeln. Kommt der Durchfall erst viele Stunden später, ist stark wässrig, vielleicht auch noch mit Blutspuren, dann liegt vermutlich eine verzögerte Reaktion vor.
- *Histaminose:* Treten außerdem Kopfschmerzen, Schwindel, verschwommenes Sehen, Hitzegefühl am ganzen Körper und Atemnot kurz nach dem Essen auf, dann könnte es sich auch um eine Histaminose durch verdorbene Lebensmittel handeln (siehe Seite 37ff.).

Typische Symptome einer Lebensmittelallergie

Kopf

- Migräne
- Kopfschmerzen

Herz-Kreislauf-System

- Herzrhythmusstörungen
- Blutdruckabfall
- Schneller Puls (Tachykardie)
- Schwindel

Augen

- Allergische Bindehautentzündung

Nase

- Allergischer Schnupfen (laufende Nase)

Gesicht

- Juckende, rote Schwellung der Haut (Quincke-Ödem)

Kehlkopf

- Schwellung mit Luftnot

Lunge

- Asthma bronchiale

Magen/Darm

- Magen- und Bauchschmerzen, auch kolikartig
- Durchfall
- Blähungen
- Darmentzündung (Enterokolitis)

Haut

- Neurodermitis
- Ekzeme

Gelenke

- Rheumatische Gelenkbeschwerden

Psyche

- Konzentrationsstörungen
- Schlafstörungen
- Angst
- Depressive Verstimmungen

Wenn der Bauch schmerzhaft aufgetrieben ist, sollte man durch ein Verzehrtagebuch der Ursache nachgehen.

Blähungen

Hülsenfrüchte, Sauerkraut und dergleichen führen insbesondere dann zu Blähungen, wenn sie selten und/oder in großen Portionen gegessen werden. Sind Blähungen das hervorstechende Symptom auch bei »normalen« Lebensmitteln, dann sollte man abklären lassen, ob eine allergische Ursache dahinter steht.

Mögliche allergische Ursache

Infrage kommt die Zöliakie (= Glutenenteropathie): Diese ernste allergische Erkrankung (siehe Seite 41ff.) muss durch Laboruntersuchungen abgeklärt werden. Dazu lässt man das Blut auf Endomysium- und Retikulinantikörper untersuchen, der sich bei positivem Ergebnis eine Dünndarmendoskopie (Innenschau des Dünndarms mittels entsprechender schlauchförmiger Glasfaseroptik) anschließt. Stellt der Zahnarzt bei Ihnen Schmelzdefekte an den Zähnen fest, und leiden Sie häufig unter schmerzhaften kleinen Bläschen im Mund, dann kann es sich um Begleiterscheinungen der Zöliakie handeln.

Bindehautentzündung kann auch durch heftigen Wind, staubige Luft oder lange Bildschirmarbeit hervorgerufen werden. Kühle Gelkompressen lindern die Reizung und lassen Gewebeschwellungen abklingen.

Bindehautentzündung, allergische

Bei der Typ-I-Allergie, die über die Beteiligung von IgE-Antikörpern läuft, zeigt sich u. a. auch eine allergische Bindehautentzündung, die in der Regel von asthmaähnlichen Beschwerden sowie Heuschnupfen begleitet wird. Da eine Pseudoallergie die gleichen Symptome zeigen kann, ist eine Diagnosestellung nur durch eine entsprechende Blutuntersuchung möglich.

Mögliche allergische Ursache

Patienten, die aufgrund einer Birkenpollenallergie eine allergische Bindehautentzündung erleiden, haben oftmals, aufgrund so genannter Kreuzreaktionen, eine Nahrungsmittelallergie gegenüber Nüssen, Früchten wie z. B. Äpfeln oder Gemüse wie Möhren und Kartoffeln.

Blutdruckabfall

Der Abfall des Drucks im Blutkreislauf macht sich bemerkbar durch Schwindelgefühle, Hautblässe und kalten Schweiß. Im Zusammenhang mit einem allergischen Ereignis kommt es aber immer zu weiteren körperlichen Reaktionen. Der Blutdruckabfall tritt in der Regel gemeinsam mit einem anaphylaktischen Schock durch eine Typ-I-Allergie auf. Erstickungsanfälle, juckender Hautausschlag, Herzrhythmusstörungen bis hin zu Ohnmacht sind Hinweise auf ein Geschehen, das lebensbedrohliche Formen annehmen kann. Bekannt ist diese dramatische Form von allergischer Reaktion vor allem bei einer Überempfindlichkeit gegenüber Insektengiften, wo das Allergen durch einen Bienen- oder Wespenstich direkt in den Blutkreislauf gerät.

Mögliche allergische Ursachen

- *Nüsse, Fisch, Meeresfrüchte:* Meist treten die Symptome kurze Zeit nach dem Verzehr von Erdnüssen, Fisch oder Schaltieren (z. B. Muscheln) auf. Manche Patienten erleiden die bedrohlichen allergischen Erscheinungen nur dann, wenn sie sich nach dem Essen körperlich schwer anstrengen. Der Notarzt muss sofort verständigt werden, da die Symptome innerhalb von ein bis zwei Stunden zum Tod führen können.
- *Medikamente:* Sehr heftige allergische Reaktionen können auch bei einer Penizillinunverträglichkeit auftreten.

Darmentzündung

In den letzten Jahrzehnten steigt die Häufigkeit von Darmerkrankungen, allen voran die Colitis ulcerosa und der Morbus Crohn, steil an. Bei beiden handelt es sich um chronisch entzündliche Darmerkrankungen, die schubweise auftreten.

In deren Verlauf entwickeln sich aufgrund der entzündungsbedingten erhöhten Durchlässigkeit der Darmschleimhaut vielfache Nahrungsmittelallergien. Die Ursache ist zwar nach wie vor unklar, doch ist die Überlegung nicht von der Hand zu weisen, dass eine Erhöhung der Durchlässigkeit der Darmmembran die eigentliche Erkrankung anstoßen könnte. Ursache hierfür können wiederum eine Virusinfektion, der regelmäßige Gebrauch von Abführmitteln oder häufiger Verzehr von Fertignahrungsmitteln sein.

Bestimmte hoch ungesättigte Fettsäuren sollen die entzündlichen Prozesse bei chronischer Darmentzündung lindern und akute Krankheitsschübe verzögern helfen. Diese so genannten Omega-3-Fettsäuren sind hauptsächlich in Kaltwasserfischen enthalten.

Mögliche allergische Ursachen

- *Lebensmittelzusatzstoffe:* Zusatzstoffe finden wir vor allem in Lightprodukten, deren Verzehr immer mehr zunimmt. Auf der Basis einer ererbten Schwäche im Immunsystem kann es unter den oben geschilderten Voraussetzungen zur Entwicklung von chronischen Darmerkrankungen und Nahrungsmittelallergien kommen.
- *Zöliakie:* Die Glutenunverträglichkeit ist eine andere Form des allergischen Geschehens. Sie kann sich auch manchmal erst im Erwachsenenalter entwickeln. Durchfälle, Gewichtsverlust und Schwächegefühl können die einzigen Anzeichen sein. Manchmal fehlen diese auch, und der Patient hat lediglich einen Eisenmangel sowie eine Osteoporose ohne Darmsymptome, obwohl eine endoskopische Untersuchung bereits Schäden an der Darmschleimhaut erkennen lässt.

Depressive Verstimmungen

Auffallend hoch ist der Prozentsatz an Allergien bei depressiven Patienten (jeder Dritte) im Vergleich zu Gesunden (jeder 50.).
Warum dies so ist, weiß man nicht. Interessant ist zumindest, dass die Medikamente zur Behandlung von Depressionen – die so genannten trizyklischen Antidepressiva – nicht nur die Stimmungslage beeinflussen, sondern als Nebeneffekt ebenfalls die Freisetzung von Histamin hemmen. Dies könnte durchaus auf einen Zusammenhang mit dem Immunsystem hinweisen.

Durchfall

Durchfälle bei Kindern oder älteren Menschen sind wegen der hohen Wasser- und Mineralstoffverluste sehr ernst zu nehmen. Man sollte unbedingt einen Arzt zurate ziehen; ebenso wenn der Stuhlgang sich nach 24 Stunden noch nicht normalisiert hat.

Obwohl man dem Durchfall keinen hohen Krankheitswert einräumt, sollte er immer ernst genommen werden. Das Ursachenspektrum reicht dabei von einer harmlosen Reaktion auf eine große Portion Sauerkraut über Magen-Darm-Infektionen bis hin zu ersten Hinweisen auf eine Darmkrebserkrankung.
Wer plötzlich beschließt, eine Diät zu machen, und deshalb viel Obst und rohes Gemüse verzehrt, muss vor allem zu Beginn mit Durchfällen rechnen, besonders wenn der Darm nicht daran gewöhnt ist.

Mögliche allergische Ursache

Wenn eine schnelle Darmentleerung kurz nach dem Essen folgt, dann kann es ein Hinweis auf eine Typ-I-Allergie sein. Meist treten auch noch Blähungen, Bauchkrämpfe und Übelkeit auf – Beschwerden, die genauso bei einer Darminfektion vorhanden sind. Hier kann nur eine Untersuchung der Stuhlprobe zur Ursachenfindung beitragen. Wechseln ohne erkennbaren Grund andauernd Durchfall und Verstopfung einander ab, so muss der Arzt aufgesucht werden. Es kann eine ernsthafte Erkrankung dahinter stecken.

Vorsicht bei Reisedurchfall

- Holt man sich beim Aufenthalt in fernen Ländern eine Darmentzündung, dann sollte man ohne Kontrolle des Arztes keine Medikamente einnehmen, die den Darm ruhig stellen und somit die Durchfälle stoppen.
- Der aggressive Darminhalt kann dann nicht mehr entleert werden, und es könnte sich daraus eine chronische entzündliche Darmerkrankung entwickeln.

Gelenkbeschwerden, rheumaähnliche

Die Typ-III-Allergie, bei der sich Antigen und Antikörper nicht auf einer Zelle (Mastzelle) verbinden, sondern eine selbstständige Verbindung eingehen, wird auch als Immunkomplexallergie bezeichnet. Neben Gelenkschmerzen treten Fieber, Müdigkeit und Muskelschmerzen auf, manchmal zusätzlich ein juckender Hautausschlag. Auch die Typ-IV-Allergie kann neben typischen Hautausschlägen zusätzlich von einer Bronchitis und von einer Gelenkentzündung begleitet sein. In diesem Fall lagern sich die Immunkomplexe in den Gelenken ab und lösen dort eine nicht bakterielle Entzündung aus.

Mögliche allergische Ursache

Bei Patienten mit so genannten Autoimmunerkrankungen, wie z. B. dem systemischen Lupus erythematodes, findet man häufig eine Nahrungsmittelunverträglichkeit. Aus diesem Grund helfen oft Fastenkuren, bei denen vor allem Fleisch und Milchprodukte sowie andere eiweißhaltige Lebensmittel wie Getreideprodukte weggelassen werden. Ohne es zu wissen, behandeln diese Patienten damit ihre meist unbekannte Lebensmittelallergie, wodurch die Schmerzen verschwinden.

Lebensmittelzusatzstoffe können nicht nur eine Nesselsucht auslösen, sondern eine bereits vorhandene, z. B. durch Medikamente wie Aspirin verursachte, verstärken.

Hautausschlag (Nesselsucht)

Die so genannte Nesselsucht, ein stark juckender, roter Hautausschlag mit Schwellungen, ist immer ein Hinweis darauf, dass etwas nicht vertragen wird. Typischerweise tritt er im Gesicht und in der Kehlkopfschleimhaut mit Luftnot auf.

Mögliche allergische Ursachen

- *Kreuzallergie bei Heuschnupfen:* 70 Prozent der Pollenallergiker reagieren auf Nüsse, Obst oder rohes Gemüse mit roten juckenden Flecken im Mundbereich. Diese Schwellungen können, wenn sie im Halsbereich auftreten, zu starker Luftnot mit Erstickungsanzeichen führen. Hier muss sofort der Notarzt gerufen werden!
- *Medikamente, Lebensmittel, -zusatzstoffe:* Die Nesselsucht kann auch an den Schleimhäuten des Verdauungstrakts auftreten, spürbar durch Bauchschmerzen und Durchfälle. Als Ursache kommen in der Regel Lebensmittel oder Arzneimittel infrage, ebenso wie Lebensmittelzusatzstoffe, so z. B. Süßstoff (Aspartam) oder Nitratsalze.

Hautausschläge (allgemein)

Die Haut wird gern als Spiegel unserer Seele bezeichnet oder auch als Ventil der Psyche. Sie ist deshalb bei vielen allergischen Reaktionen mit betroffen, meist als juckender, roter Hautausschlag (= Nesselsucht oder Quincke-Ödem) bei der Sofortreaktion oder auch als roter punktartiger bis klein fleckiger Ausschlag bei der Typ-III-Allergie als Zeichen der allergischen Gefäßentzündung sowie als Hautekzem beim Spättyp.

Mögliche allergische Ursachen

- *Medikamente:* Bei nicht erklärlichen Hautausschlägen sollten Sie immer daran denken, dass grundsätzlich jedes Arzneimittel in der Lage ist, die unterschiedlichsten Hautausschläge als Nebenwirkung auszulösen. Experten erinnern immer wieder daran, dass Arzneimittel nahezu das gesamte Spektrum an Hauterkrankungen nachahmen können. Auch wenn Sie schon viele Jahre ein bestimmtes Arzneimittel vertragen haben, kann es sein, dass sich trotzdem noch Nebenwirkungen entwickeln. Wenn das Medikament abgesetzt wird – bitte tun Sie dies grundsätzlich nur nach Rücksprache mit Ihrem Arzt –, dann verschwinden diese Hautekzeme wieder.
- *Zöliakie:* Leidet ein Patient an einer besonderen Form des Hautausschlags, der Dermatitis herpetiformis, dann muss er sich auch auf eine Zöliakie hin untersuchen lassen, da diese oft damit verbunden ist.

Herzrhythmusstörungen wirken sehr beängstigend und müssen wegen der vielfältigen Auslöser immer von einem Facharzt abgeklärt werden. In der Mehrzahl der Fälle sind die unangenehmen Symptome aber harmlos.

Herzrhythmusstörungen

Wenn jemand ein vorgeschädigtes Herz hat und eine Histaminose (siehe Seite 37ff.) oder eine klassische Allergie vom Soforttyp erleidet, kann es dadurch, dass das Herz schneller schlägt, zu Rhythmusstörungen kommen. Daneben gibt es noch sehr viele andere organische oder auch psychische Ursachen für Herzrhythmusstörungen, die außerdem in vielerlei Formen auftreten können. Aufgrund der Symptome kann man nicht unterscheiden, ob es sich um einen Herzinfarkt, um eine Lebensmittelunverträglichkeit oder auch um eine pseudoallergische sowie allergische Reaktion handelt. Bei Rhythmusstörungen – man spürt sie daran, dass der Pulsschlag unregelmäßig erfolgt – muss man zur weiteren Abklärung den Arzt aufsuchen. Bei unregelmäßig auftretenden Herzrhythmusstörungen kann meist nur ein Langzeit-EKG (Elektrokardiogramm) Aufschluss über die Art der Störung geben.

Konzentrationsstörungen

Bei Kindern wurde zuerst ein Zusammenhang zwischen Lebensmittelzusatzstoffen und einem bestimmten überreaktiven Verhalten mit Lernstörungen beobachtet. Man bezeichnet dieses Phänomen als überaktives Kind (siehe Seite 102ff.), das durch Reizbarkeit, Zappeligkeit, Gedächtnis- und Konzentrationsstörungen auffällt.

Mögliche allergische Ursachen

Der amerikanische Allergologe Feingold vermutete bereits vor 25 Jahren, dass manche Kinder künstliche Nahrungszusätze oder salizylathaltige Lebensmittel nicht vertragen. Er entwickelte daraufhin die so genannte Feingold-Diät, die schon vielen Kindern geholfen hat. Allerdings ist zu erwähnen, dass es weitere, noch nicht bekannte Ursachen für Hyperaktivität und Konzentrationsstörungen beim Kind gibt.

Konzentrationsstörungen bei Erwachsenen sollte ebenso nachgegangen werden. Unterversorgungen an Vitaminen sowie Mineralstoffen und Spurenelementen kommen hier ebenso als Ursache infrage wie Lebensmittelunverträglichkeiten.

Viele Forscher wie die beiden Neurotoxikologen Dr. George Wagner und Dr. Furchies von der Rudgers University (USA) sind der Meinung, dass das Gehirn eindeutig dasjenige Organ ist, das am anfälligsten für Schädigungen ist.

Kopfschmerzen

Nahrungsmittelunverträglichkeit bzw. Allergie wird häufig im Zusammenhang mit dem Auftreten von Migräne angegeben. Kopfschmerzen können neben einigen anderen unerklärlichen Symptomen, die vorzugsweise nach dem Verzehr bestimmter Lebensmittel beobachtet werden, auch psychische Ursachen haben.

Daneben kommen auch Nahrungsmittelunverträglichkeiten vor, die nur im Zusammenhang mit einem hormonellen Ungleichgewicht des

Das meidet die Feingold-Diät

- Künstliche Farbstoffe: insbesondere Erythrosin = E 127, enthalten in Süßwaren wie gelatinehaltigen Desserts sowie in Eiscremes und Pudding
- Künstliche Geschmacksstoffe: Konservierungsmittel (E 320 BHA, E 321 BHT)
- Natürliche Salizylate: in Äpfeln, Aprikosen, allen Beeren, Kirschen, Mandarinen, Orangen, Mandeln, Pfirsichen, Pflaumen, Trauben, Gurken, grünem Pfeffer, Nelken

Körpers auftreten, z. B. Kopfschmerzen nach dem Verzehr histaminhaltiger Lebensmittel wie Rotwein oder gereiftem Käse an den Tagen vor der Menstruation. Daran sollte man denken, wenn sich keine Allergie nachweisen lässt. Hauttests oder auch der so genannte RAST-Test sind für eine Diagnose nicht geeignet. Sie sind oft falsch »positiv« oder falsch »negativ«, d. h., eine nicht vorhandene Allergie wird unterstellt oder eine vorhandene übersehen.

Die Ursache für Migräne ist immer noch nicht bekannt. Vermutet wird eine Fehlsteuerung der Gefäßnerven, die zur Verkrampfung von Hirngefäßen führt. Auch allergische Auslöser werden angenommen.

Mögliche allergische Ursachen

- *Synthetische Süßstoffe:* Nach wie vor ist unklar, wie Migräne ausgelöst wird, da neben Nahrungsmittelallergien auch Stress, helles Licht und der Süßstoff Aspartam bei entsprechend veranlagten Menschen zu Kopfschmerzen führen können. Um dies herauszufinden, muss man auf Süßungsmittel für einige Wochen verzichten.
- *Histaminose:* Es können auch histaminhaltige Lebensmittel Kopfschmerzen verursachen (siehe Seite 37). Man muss davon ausgehen, dass Kopfschmerzen unterschiedliche Ursachen bei ein und derselben Person haben können und das Meiden eines auslösenden Stoffs deshalb noch nicht zu Beschwerdefreiheit führen muss. Hierhelfen nur Geduld und sorgfältiges Führen eines Verzehrtagebuchs.
- *Nitratsalze:* Wer gern gepökelte Fleischwaren isst wie z. B. Schinken, Salami oder Räucherwürstchen, der sollte, wenn er häufig unter Kopfschmerzen leidet, auf diese Lebensmittel verzichten. Wenn weniger Beschwerden auftreten, dann kann dies ein Hinweis auf eine individuelle Unverträglichkeitsreaktion auf Nitratsalze sein.
- *Lebensmittel:* Verzicht auf Schokolade, Weizen, Mais, Milch, Eier und Rotwein kann bei vielen Patienten die Häufigkeit und die Schwere von Kopfschmerzen senken.

Luftnot

Zu wenig Luft bekommt man, wenn z. B. der Kehlkopf anschwillt (Glottisödem) oder wenn die Bronchien (Lungenverästelungen) sich verengen. Letzteres erzeugt typischerweise Asthma (siehe Seite 85f.), auch Bronchialasthma genannt. Pollenallergiker kennen das Problem, wenn sie insbesondere im Frühling mit den Pollen in der Luft in Kontakt kommen. Der so genannte Heuschnupfen neigt dazu, sich im Lauf der Jahre zu verschlimmern:

- Die Anzahl der verschiedenen Pollenarten, die die allergischen Beschwerden auslösen, nimmt zu.
- Durch die unterschiedlichen Blühzeiten der verschiedenen Gräser, Kräuter, Bäume und Sträucher dehnt sich der Zeitraum, in dem Symptome auftreten, immer mehr aus.
- Die Beschwerden »wechseln die Etage«, d. h., während anfangs jähe Niesanfälle, tränende und brennende Augen und laufende Nasen die typischen Symptome sind, kommt es häufig im Lauf der Jahre zu allergischem Husten oder Luftnot und Kurzatmigkeit bis hin zu ausgeprägtem Bronchialasthma.
- Da einige Lebensmittel Bestandteile enthalten, die denen von Pollen sehr ähnlich sind, kann der Körper den Unterschied oft nicht erkennen. So kann sich eine so genannte Kreuzreaktion entwickeln. Wer z. B. eine Allergie gegen Birkenpollen hat, der kann ähnlich reagieren auf den Verzehr von Möhren, Sellerie, Tomaten, Haselnüssen und frischem Gemüse (weitere Kreuzreaktionen siehe Tabelle).

Die Kreuzreaktion wird auch mit Pollen anderer Bäume und Sträucher beobachtet. So hat der Birkenpollenallergiker meist auch eine Allergie gegen die Pollen von Ahorn, Buche, Eiche, Erle und Haselnuss.

	Stein-/Kernobst	Frischobst	Möhren	Sellerie	Tomaten	Haselnüsse	Erdnüsse	Hülsenfrüchte	Getreideerzeugnisse	Sojaprodukte	Kräuter/Gewürze	Kartoffeln	Gemüse
Ahorn		●		●	●		●						
Beifuß				●	●								
Birke		●	●	●	●	●							
Buche	●		●	●		●							
Eiche	●		●	●		●							
Erle		●	●	●	●	●							
Esche	●		●	●		●							
Gräser							●	●	●	●		●	
Hasel		●	●	●	●	●							
Kräuter											●		●
Pappel	●		●	●		●							
Ragweed		●											
Roggen							●		●	●		●	●

Kreuzallergien: Wer gegen Birkenpollen allergisch ist, leidet häufig auch unter Allergien gegen Obst, verschiedene Gemüse und Haselnüsse. Gräserallergiker hingegen haben zumindest damit fast nie Probleme.

Auch zwischen den Pollenarten gibt es Kreuzallergien, weil das Immunsystem des Allergikers sie »verwechselt«. In der Tabelle sind links die allergieauslösenden Pollen genannt, oben die Kreuzreaktionen.

	Ahorn	Beifuß	Birke	Buche	Eiche	Erle	Esche	Gräser	Hasel	Kräuter	Pappel	Ragweed	Roggen
Ahorn		●		●	●			●	●				
Beifuß	●		●					●				●	
Birke	●			●	●	●			●				
Buche			●		●	●		●	●				
Eiche			●	●		●			●				
Erle			●	●	●			●	●				
Esche			●							●			
Gräser										●			
Hasel			●	●	●	●							
Kräuter								●					
Pappel			●		●	●							
Ragweed								●					
Roggen								●					

Puls, schneller (Tachykardie)

Bei schnellem Puls und Blutdruckabfall sollte der Betroffene bis zum Eintreffen des Arztes mit auf Kissen oder einem Stuhl hochgelagerten Beinen liegen und mit einer Decke gewärmt, aber nicht überhitzt werden. Dem Patienten beruhigend zusprechen!

Ein schneller Puls, 60 Minuten nach dem Essen, begleitet von Hitzegefühl, Kopfschmerzen und sogar Herzrhythmusstörungen, wird eventuell durch eine Lebensmittelunverträglichkeit ausgelöst. Die Beschwerden können so stark sein, dass Verdacht auf Herzinfarkt besteht. Sie werden möglicherweise lebensbedrohlich, wenn der Kehlkopf anschwillt, so dass der Patient zu ersticken droht. Das gesamte Herz-Kreislauf-System kann zusätzlich mit einem massiven Blutdruckabfall bis hin zur Ohnmacht reagieren. Deshalb muss man bei Blutdruckabfall mit schnellem Puls und Luftnot unbedingt den Notarzt verständigen!

Mögliche allergische Ursache

Die Beschwerden können durch eine Histaminose verursacht sein. Die gleichen Reaktionen treten aber auch bei der klassischen Sofortallergie wenige Minuten nach dem Essen auf. Der hohe Histaminspiegel im Blut ist dafür verantwortlich, verursacht insbesondere durch haltbar gemachte Lebensmittel wie Dauerwurst, Fischkonserven, Sauerkraut, reifen alten Käse und Rotwein.

Schlafstörungen

Stress sowie spätes, eiweißreiches Essen am Abend sind neben Alkoholkonsum die häufigsten Ursachen für Schlafstörungen. Wenn allerdings keinerlei Auslöser erkennbar ist und in letzter Zeit auch noch eine herabgesetzte Belastbarkeit, Nervosität sowie depressive Verstimmungen hinzukommen, dann muss nach einer Lebensmittelallergie geforscht werden.

Mögliche allergische Ursache

Die Beschwerden können von einer Zöliakie verursacht werden. Immerhin ist jeder 300. Deutsche davon betroffen. Weitere neurologische Beschwerden wie Kribbeln der Haut, Muskelschwäche oder ein schwankender Gang machen diese Diagnose noch wahrscheinlicher. Jeder Zweite mit diesen Beschwerden hat nachweisbare Glutenantikörper (auf das Glutenantigen im Weizen).

Auch bei größtmöglicher Hygiene finden sich die winzigen Hausstaubmilben in jedem Haushalt, wo sie sich am liebsten an warmen, luftfeuchten Plätzen wie in Matratzen, Polstern und Teppichen tummeln.

Schnupfen, allergischer

Wer erkennt nicht die Pollenallergiker im Frühjahr beim Spaziergang im Freien an ihren laufenden Nasen? Die Augen sind gerötet, das Gesicht ist etwas geschwollen. Die Betroffenen vermeiden deshalb in dieser Jahreszeit, so gut es geht, den Aufenthalt im Freien.

Wie bei einer Pollenallergie durch Kreuzreaktionen auch Allergien gegen bestimmte Lebensmittel vorkommen können, lesen Sie auch unter Luftnot (siehe Seite 94ff.).

Eine weitere verbreitete Ursache für allergischen Schnupfen ist die Allergie gegen Hausstaubmilben bzw. gegen deren Ausscheidungen. Die typischen Atemwegsbeschwerden sind dieselben wie beim Pollenallergiker. Sehr häufig entwickeln Menschen mit Heuschnupfen zusätzlich auch eine Allergie gegen Hausstaubmilben, ein Bezug zu einer Lebensmittelunverträglichkeit besteht aber nicht.

Schwindel

Der Schwindel als Teil einer allergischen Schockreaktion tritt auf, wenn der Blutdruck abgefallen ist. Liegen sonst keine weiteren typischen allergischen Anzeichen wie Luftnot, schneller Puls und Nesselsucht vor, dann hat der Schwindel eine andere Ursache (siehe auch Blutdruckabfall, Seite 88f.).

Allergien bei Kindern

Allergien im Kindesalter sind im Zunehmen, wobei eine ererbte Anlage das Risiko einer Erkrankung erhöht. Am häufigsten sind Kuhmilch und Hühnereier die Auslöser. Die Symptome sind sehr verschieden. Die Beschwerden reichen von Schlafstörungen bis hin zum »Zappelphilipp« (= hyperkinetisches Syndrom). Mit zunehmendem Alter lassen die Reaktionen nach, und das Kind kann bestimmte Lebensmittel wieder ohne Probleme genießen.

Bereits jedes dritte Baby soll ein erhöhtes Allergierisiko haben. Manche Kinderärzte befürworten deshalb, zur Muttermilch grundsätzlich nur hypoallergene Säuglingsnahrung zu geben.

Säuglinge und Kleinkinder – die Sorge um das Gedeihen

Haben Kinder Eltern, die bereits an Allergien gegen Hausstaub, Pollen oder andere Stoffe leiden, so tragen auch sie ein gewisses Risiko in sich. Die Anlage, gegen alltägliche Stoffe bzw. Lebensmittel heftig zu reagieren, ist vererbbar. Je früher man herausfindet, ob ein Säugling unter einer Allergie leidet, umso eher kann man dem Kind Beschwerden ersparen. Milch ist in den ersten beiden Lebensjahren der mit Abstand häufigste Verursacher von Bauchbeschwerden. Je nach Intensität kommt es auch zu Erbrechen, Durchfall, Bauchkrämpfen und blutigem Stuhl. Vor allem Säuglinge mit unerklärlichen Gedeihstörungen sollten auf eine Nahrungsmittelunverträglichkeit hin untersucht werden. Bei einigen Kindern zeigt sie sich auch als stark juckender Hautausschlag oder auch durch Anschwellen des Gesichts.

Sehr unterschiedliche Verlaufsformen

Die Tatsache, dass Allergien von Kind zu Kind unterschiedlich verlaufen, erschwert die Diagnose. So gibt es die Sofortreaktion, die innerhalb von Sekunden bis eine Stunde nach dem Essen auftritt. Die Intermediärreaktion kommt 1 bis 20 Stunden später, und die verzögerte Reaktion erst gar nach 20 Stunden und mehr. Interessanterweise entwickelt sich bei den meisten Kindern ab dem dritten Lebensjahr eine Toleranz. Sie vertragen jetzt solche Lebensmittel, die sie bisher nicht essen konnten.

Andere organische Ursachen ausschließen

Bis zu dem Zeitpunkt, an dem eine Nahrungsmittelunverträglichkeit unter Umständen von selbst verschwindet, können und sollten aber betroffene Eltern nicht warten, vor allem, wenn die Kleinkinder auch noch an Schlafstörungen leiden und oft viele Stunden während der Nacht weinen. Erst wenn das Kind nach der ärztlichen Untersuchung als organisch gesund erklärt wird, sollte an eine Nahrungsmittelunverträglichkeit gedacht werden.

Dieses Vorgehen ist wichtig, damit nicht eine andere Ursache, mit gleichen Symptomen wie eine Allergie, übersehen wird. Das Weglassen der unverträglichen Lebensmittel ist die beste Therapie. Doch bis man herausfindet, ob es sich um ein oder sogar mehrere Nahrungsmittel handelt, auf die das Kind reagiert, brauchen die Eltern viel Geduld.

Nahrungsmittelallergien bei Säuglingen und Kleinkindern sind für das Kind eine schwere Belastung und für die Eltern oft eine Nervenprobe. Hier braucht man einen erfahrenen Kinderarzt, der einem mit Rat und Tat zur Seite steht.

Den Verursacher aufspüren

Als hilfreich hat sich auch hier ein Verzehrtagebuch erwiesen, in dem genau aufgezeichnet wird, was dem Säugling gegeben wurde, sowie die Menge und die Uhrzeit. Ebenfalls vermerken muss man die Zeit des Stuhlgangs, wann der Säugling zu weinen angefangen hat, wie lange und wie heftig er geweint hat. Mütter finden meist sehr schnell heraus, ob ein Säugling weint, weil er Hunger oder Durst hat, oder ob ihn Schmerzen quälen. Notieren Sie auch äußere Umstände wie z. B. lange Aufenthalte im Freien bei schönem Frühlingswetter mit Pollenflug. Blutuntersuchungen zeigen, dass dabei sowohl die klassische Typ-I-Allergie mit der Bildung von IgE-Antikörpern als auch die zellvermittelte Typ-IV-Reaktion auftreten kann. Das ist vor allem bei Kindern mit der juckenden atopischen Dermatitis (= Neurodermitis) nachgewiesen worden. Eine Alternative für Mütter, die auf Fertigmilch angewiesen sind, weil sie nicht stillen können, ist Sojamilch. Außerdem empfiehlt es sich, einen präzisen Ernährungsplan zu entwerfen, der nicht nur festhält, was das Kind zu sich genommen hat. Man sollte zusätzlich den Tagesbedarf an notwendigen Nährstoffen auflisten und ihren Anteil in den verwendeten Lebensmitteln kontrollieren. So kann man bei der Vermeidung einer verdächtigen Speise die weggefallenen Nährstoffe durch andere, weniger gefährliche Lebensmittel ersetzen und damit Mangelerscheinungen verhindern. Dieser Plan sollte jedoch unbedingt in Absprache mit dem Kinderarzt erstellt und benutzt werden!

Nahrungsmittelintoleranzen bei Kindern und Jugendlichen

Bei älteren Kindern stehen die Symptome einer Lebensmittelunverträglichkeit oft scheinbar in keiner Verbindung zum Verdauungstrakt. So werden Allergien häufig lange verkannt und nicht oder falsch behandelt.

Bauchschmerzen, Durchfälle, Erbrechen, Bronchialasthma und Nesselsucht lassen bald den Verdacht auf eine Nahrungsmittelallergie aufkommen. Neben der Kuhmilch entstehen jetzt auch Unverträglichkeiten gegenüber Eiern (Eiklar!) und Weizen. Wenn jedoch lediglich Bronchitis auftritt, die in ein chronisches Stadium übergeht, dann wird oft übersehen, nach einer Allergie zu suchen.

Mittelohrentzündung – ein häufiges Symptom

Fast die Hälfte der Kinder mit Kuhmilchallergie leidet unter chronisch auftretenden Bronchitiden. Noch schwieriger wird die Diagnose, wenn Kinder gehäuft unter Mittelohrentzündung leiden. Untersuchungen haben ergeben, dass acht von zehn erkrankten Kindern eine Nahrungsmittelallergie haben.
Bei der Altersverteilung der Kinder zeigen sich zwei Altersgipfel. Zum einen erkranken vor allem Kinder zwischen dem sechsten und dem 24. Lebensmonat und zum anderen zwischen dem fünften und sechs-

Beschwerden von Kindern bei Nahrungsmittelallergien

- Aggressives Verhalten
- Akne
- Asthma bronchiale
- Augenbeschwerden (tränende Augen)
- Bauchkrämpfe
- Bettnässen
- Blähungen
- Bronchitis (chronische)
- Durchfälle
- Geschwollenes Gesicht
- Erbrechen
- Hyperaktivität (Zappelphilipp)
- Konzentrationsschwäche
- Kopfschmerzen
- Magenbeschwerden
- Müdigkeit
- Neurodermitis
- Mittelohrentzündung
- Verstopfung
- Wachstumsstörungen

ten Lebensjahr. Jeweils ein Drittel der kleinen Patienten hat eine Allergie gegen Kuhmilch, gegen Weizen oder gegen Eier sowie gegen Nüsse. Weniger häufig werden als Auslöser Soja, Orangen, Tomaten, Huhn, Fisch und Äpfel gefunden.

Nur ein Verzicht auf den Auslöser hilft

Die meisten Kinder haben gleichzeitig gegen zwei bis vier Nahrungsmittel Allergien. Wenn die Kinder auf den Verzehr verzichten, dann verschwindet nahezu immer die Mittelohrentzündung. Ein Rückfall, d. h., wenn die Diät nicht eingehalten wird, löst bei fast allen Betroffenen (94 Prozent der Kinder) erneut einen Erkrankungsschub aus. Mittelohrentzündungen können zu bleibenden Hörstörungen führen.

Der Auslösemechanismus ist nicht geklärt. Man vermutet, dass das allergisch bedingte Anschwellen der Schleimhaut im Nasen- und Rachenbereich den Verbindungsgang zwischen Nase und Ohr einengt. Beim Schnäuzen entsteht eine Art Unterdruck in diesem Verbindungsgang, so dass allergisches Nasen-Rachen-Sekret in das Mittelohr hineingezogen wird, wo es eine Entzündung hervorruft.

Es gibt auch Kurkliniken für Mutter und Kind, die neben vielfältigen Therapiemöglichkeiten auch auf die Allergie des Kindes abgestimmte Kochkurse für eine gesunde Vollwerternährung durchführen.

Milcheiweiß in Fertigprodukten

Wenn Kinder eine Allergie haben und versehentlich diese Nahrungsmittel essen, dann kann es in Einzelfällen zu einem lebensbedrohlichen Schockzustand (Anaphylaxie) kommen. Das kann der Fall sein, wenn z. B. Eier und Milch nicht vertragen werden und aus Unkenntnis Schokolade oder Kuchen gegessen werden, die diese Lebensmittel enthalten. Da Milcheiweiß heute in Fertignahrungsmitteln als Bindemittel verwendet wird, liegt dort eine Gefahrenquelle, zumal die Hersteller nicht verpflichtet sind, die Art des Bindemittels auf ihrem Produkt präzise und vollständig anzugeben. Es genügt der Hinweis auf der Zutatenliste, dass ein Bindemittel verwendet wurde.

Auch andere Lebensmittelzusatzstoffe wie Emulgatoren, Konservierungsstoffe oder Farbstoffe können eine Allergieentwicklung fördern. Ein Kind, das Allergien hat, sollte deshalb keine Fertigprodukte essen. Besser ist es, das Essen frisch zuzubereiten und lieber portionsweise einzufrieren. Dann kann man auf Zusatzstoffe verzichten und hat eine perfekte Kontrolle darüber, welche Nahrungsmittel verwendet bzw. tunlichst gemieden werden sollten.

Akute Anfälle ernst nehmen

Ein Kind, das eine akute allergische Reaktion mit Luftnot zeigt, sollte mindestens drei bis vier Stunden in der Nähe eines Arztes überwacht werden. Es gibt Kinder, die nach dem ersten Anfall eine symptomfreie Phase haben, nach der erneut heftige Beschwerden auftreten.
Grundsätzlich sollte man unbedingt die allergieauslösenden Lebensmittel meiden, da sie zu einer Reizung der Darmschleimhaut führen. Sie zieht eine erhöhte Durchlässigkeit für unverdautes Nahrungseiweiß nach sich. So können sich auf eine Allergie weitere aufpfropfen und das Krankheitsgeschehen ausdehnen.

Der Zappelphilipp – das hyperkinetische Syndrom

Bei Schulkindern ist oft viel Geduld nötig, um ihnen den Zusammenhang zwischen Beschwerden und begehrten Nahrungsmitteln plausibel zu machen. Verzicht ist nicht ihre Stärke; man muss daher nach schmackhaften Alternativen suchen.

Wann gilt ein aktives, lebendiges Kind noch als normal, und ab wann hat es Krankheitscharakter wie beim hyperkinetischen Syndrom? Eine längere Beobachtungsdauer ist hier notwendig. Meist treten die Symptome schlagartig auf, nämlich dann, wenn gegen Ende des ersten Lebensjahres normale Kost gegeben wird. Die Kinder können plötzlich nicht mehr ruhig sitzen, sondern zappeln ständig herum, können sich nicht längere Zeit mit einem Spielzeug beschäftigen und zeigen eine deutliche Aggressivität.

Fehldiagnosen mit schlimmen Folgen

Wird die Allergie nicht erkannt, so nimmt das Geschehen seinen Lauf. Die Kinder können dann dem normalen Schulunterricht nicht folgen, sind unkontrolliert oder fallen als Legastheniker auf. Sie landen schließlich auf der Sonderschule, wo Erziehungsfehler der Eltern für das Verhalten der Kinder verantwortlich gemacht werden. Psychotherapien helfen in diesen Fällen aber nicht.
Verdacht schöpfen sollten die Eltern spätestens dann, wenn die Kinder eine Verzögerung in der Sprachentwicklung zeigen und Probleme mit der Feinmotorik haben. D. h., sie haben eine fahrige, unleserliche Schrift, weil ihnen die Kontrolle der feinen Bewegung fehlt. In der Schule fallen die Kinder darüber hinaus durch ihr extremes Geltungsbedürfnis Fremden gegenüber auf. Neben den Schwierigkeiten in der

Schule können die Kinder unter Schlafstörungen und extremer Müdigkeit leiden. Manchmal nässen sie auch noch nachts ein und leiden öfter unter Bauch- oder Kopfschmerzen.

Erhöhte Adrenalin- und Dopaminwerte

Die verursachenden Lebensmittel sind oft Schokolade, Konservierungs- und Farbstoffe in Fertignahrungsmitteln, Kuhmilch, Eier, Weizen, Zucker, Nüsse, Soja und Zitrusfrüchte. Käse, Bananen und Tomaten sind eher selten die Auslöser.
Einige Kinder entwickeln ein hyperkinetisches Syndrom, weil sie Hausstaub, Pollen oder Parfüm einatmen. Auch daran sollte gedacht werden. Die Blutuntersuchung ergibt eine deutliche Erhöhung der beiden Nerven- und Gehirnbotenstoffe Adrenalin sowie Dopamin. Wenn diese Werte trotz einer hohen Punktezahl laut Connersscher Bewertungsskala (siehe Seite 104) normal sind, dann ist eher eine Psychotherapie angezeigt, da keine Allergie vorliegt.

Das hyperkinetische Syndrom wird oft fehlinterpretiert: Es wird nicht erkannt, da die Eltern das auffällige Verhalten des Kindes nicht mit Nahrungsmitteln in Verbindung bringen können, während andererseits manche psychische Störung nur zu gern auf eine »Stoffwechselstörung« zurückgeführt wird.

Bewertungsskala gibt Anhaltspunkte

Wer den Verdacht bei seinem Kind auf ein hyperkinetisches Syndrom hat, kann sich eine erste Orientierung mittels der Connersschen Bewertungsskala verschaffen. Wenn die Summe der Bewertungspunkte insgesamt größer als 18 ist, dann liegt vermutlich ein hyperkinetisches Syndrom vor.
Um dem Arzt die Allergiesuche zu erleichtern, sollten Sie auch hier ein Verzehrtagebuch führen, in dem genau notiert wird, wann das Kind seine Ausfälle nach dem Essen hat und was es in welchen Mengen gegessen hat.

Wer sich weitere Informationen dazu beschaffen möchte, kann sich an folgende Adressen wenden:

Arbeitskreis überaktives Kind e. V.
Dieterichstraße 9, 30159 Hannover
Telefon: 05 11/3 63 27 29

Elterninitiative zur Förderung der Kinder mit HKS e. V.
Alleestraße 8, 42781 Haan
E-Mail: hkshaan@aol.com

Bewertungsskala des hyperkinetischen Syndroms nach Conners

Name, Vorname: ________________

Alter: ___ Jahre Datum: _____

Eigenschaften	**0 =** **Überhaupt nicht**	**1 =** **Ein wenig**	**2 =** **Ziemlich viel**	**3 =** **Viel**
Rastlos, dauernd in Bewegung				
Reizbar, impulsiv				
Kurze Aufmerksamkeitsspanne, fängt vieles an, führt nichts zu Ende				
Zappelt dauernd				
Unaufmerksam, leicht ablenkbar				
Kann nicht warten, leicht enttäuscht				
Weint schnell				
Stimmungen wechseln rasch und drastisch				
Neigt zu Wutausbrüchen, aggressiv, unberechenbar				

Erbanlagen spielen eine Rolle

Befragt man die Eltern, so lässt sich in vielen Fällen eine Erbanlage erkennen. Oftmals haben die Mütter oder Väter migräneartige Kopfschmerzen oder leiden unter Heuschnupfen bzw. allergischem Asthma. Daneben fällt auf, dass gehäuft über Komplikationen während der Schwangerschaft oder der Geburt berichtet wird.

So kam es oft zu Erkrankungen oder Unfällen in der Schwangerschaft, die Geburt war entweder verfrüht oder musste eingeleitet werden. Übertragungen, Fruchtwasseranomalien oder Nabelschnurkomplikationen fallen ebenfalls auf.

Konsequente Diät macht aus dem unleidlichen »Zappelphilipp« recht bald wieder ein ausgeglichenes Kind. Unbehandelt kann die Krankheit aber ernste Folgen für die soziale Integration und schulische Entwicklung haben.

Diät bringt dauerhafte Besserung

Können die Auslöser gefunden werden, und die Kinder verzichten daraufhin auf diese Lebensmittel, verschwinden allmählich die Beschwerden. Die Kinder können nun wieder in eine normale Schule wechseln. Diätfehler zeigen sich sofort am veränderten Verhalten. Säuglinge, die durch Schlaf- und Verdauungsstörungen auffallen, sollten nach der sechsten Lebenswoche nicht geimpft werden, wenn nicht klar ist, ob eine Allergie vorliegt. Erst wenn das allergieauslösende Lebensmittel gefunden ist und ausgetauscht werden kann, ist eine Impfung empfehlenswert. Das Immunsystem würde sonst zu stark belastet, so dass unerwünschte Impfreaktionen nicht auszuschließen wären.

Der Allergieneigung vorbeugen

Werdende Mütter, die bereits unter Allergien leiden, können durch bestimmte Vorsichtsmaßnahmen das Allergierisiko ihres Kindes beeinflussen. Während der Schwangerschaft sollte keine Fertignahrung gegessen werden, ebenso wenig Kuhmilch, Eier und Nüsse. Dies gilt auch während der Stillperiode. Dadurch kann man zwar die Erbanlage nicht ändern, wohl aber die Bereitschaft des kindlichen Organismus, eine Allergie zu entwickeln. Es gibt Berichte über Mütter, die ihre Kinder vor der Geburt oder durch das Stillen gegen bestimmte Stoffe allergisiert haben. Wenn diese Frauen in der nächsten Schwangerschaft die kritischen Lebensmittel meiden würden, hätten die Säuglinge weniger Probleme mit Allergien. Auf jeden Fall bietet sechsmonatiges Stillen nach wie vor einen gewissen Schutz für das Kind, indem es nicht zu früh mit reichlich Fremdantigenen über die Kuhmilch konfrontiert wird.

Ursachen und Risikofaktoren

Wer gefährdet ist

Das Immunsystem – so stark wie die Erbanlagen

Das Immunsystem hat eine sehr komplexe Struktur, die im Wesentlichen durch mobile, also bewegliche Zellen, ihre Überwachungs- und Abwehrfunktion leistet. Dies geschieht mehr oder weniger präzise. Wie wir heute wissen, hängt die Qualität der Immunfunktion davon ab, ob wir Defekte ererbt haben. Diese können ein Leben lang unbemerkt bleiben oder aber durch besondere Belastungen wie z. B. steigende Umweltverschmutzung ausbrechen.

Auch wenn die Gene mitbestimmen, wie sich das Immunsystem entwickelt, spielt die spätere Lebensführung doch eine entscheidende Rolle dabei, wie anfällig oder widerstandsfähig man gegen Allergien und andere Krankheiten ist.

Frühe Krankheiten schwächen

Manche Genschäden im Immunsystem sind so groß, dass das noch ungeborene Kind bereits im Mutterleib abstirbt. Andere Störungen sind hingegen mit dem Leben vereinbar, zeigen sich aber durch eine erhöhte Anfälligkeit gegenüber Schadstoffen und anderen Krankheitserregern. Erleidet ein Säugling z. B. in den ersten sechs Lebenswochen eine toxische Darmentzündung, dann wird ein Großteil der T-Lymphozyten zerstört. Diese befinden sich während der ersten drei Monate im Leben eines Menschen zu 60 bis 80 Prozent im Darmbereich. Später sinkt ihr Anteil zugunsten der B-Lymphozyten auf 18 bis 30 Prozent ab. Werden diese T-Zellen, die die Immunität des Säuglings heranbilden sollen, durch die Entzündung zerstört, so bleibt die Immunabwehr ein Leben lang geschwächt. Die Folge sind häufige Erkältungen, eine erhöhte Neigung zu Allergien und vor allem eine erhöhte Krebsrate.

Schlechte Abwehr durch Zelldefekte

Bei Lebensmittelallergikern findet man hingegen eher B-Zell-Defekte, insbesondere im Bereich der Produktion von IgA. Die Zöliakiepatienten, die gegen das Getreideeiweiß Gluten eine Allergie entwickelt haben, zeigen häufig (über 90 Prozent) Defekte an der Stelle, wo die Antigenpräsentation erfolgt. Experten haben herausgefunden, dass diese

Gene auf dem sechsten Chromosom sitzen, verantwortlich für die Produktion der MHC-Klasse-II-Moleküle. Bevor ein antigenes Proteinteilchen einen Lymphozyten aktivieren kann, muss es von Antigene präsentierenden Zellen aufgenommen und in kleine Teile zerlegt werden. Diese verbinden sich mit den MHC-Klasse-II-Molekülen und werden so auf der Zelloberfläche quasi zur Schau gestellt, so dass sie der Lymphozyt erkennen und die Antikörperproduktion einleiten kann.

Unliebsames Erbe – Neurodermitis

Die Neurodermitis, eine juckende Hauterkrankung, gilt als eine Mischform von Sofort- und Spätallergie. Die Anlage dafür wird vererbt. Man geht davon aus, dass hierfür nicht nur eines, sondern mehrere Gene verantwortlich sind. So kommt es je nach Umfang des ererbten Defekts und je nach Umfang der externen Einflüsse zu einem unterschiedlichen Schweregrad der Erkrankung. Bei manchen Patienten bestimmt eine Überempfindlichkeit der Bronchien das Erkrankungsgeschehen, bei anderen hingegen stärker der ekzemartige, stark juckende Hautausschlag. Im Fall der immunologischen Darmerkrankungen – Colitis ulcerosa und Morbus Crohn – vermutet man ebenfalls eine Vielzahl von genetischen Faktoren, die durch Umwelteinflüsse, z. B. Entzündung durch Bakterien, die Krankheit zum Ausbruch bringen. Beide Erkrankungen nehmen deutlich zu.

Wenn die Eltern bereits unter Allergien litten, bezeichnet man dies als Atopie. Atopiker nennt der Allergologe einen Patienten, der durch Vererbung ein erhöhtes Allergierisiko hat.

Nach der Wende sprunghafter Anstieg

Die weltweite Zunahme an Asthma bronchiale und Allergien hat Forscher veranlasst, sich zu einem Großprojekt zusammenzuschließen, um die Ursachen herauszufinden.

Experten aus 56 Ländern sind daran beteiligt, und erste Ergebnisse aus Befragungen von 460 000 Kindern liegen bereits vor. Deutschland ist aufgrund eines bemerkenswerten Umstands besonders interessant. Vor der Wende war im Osten die Anzahl der von Allergien Betroffenen trotz höherer Umweltverschmutzung deutlich geringer als heute.

Kinder sind besonders betroffen

Innerhalb von vier Jahren hat sich die Zahl der von Heuschnupfen Betroffenen von zwei auf fünf Prozent mehr als verdoppelt, im Westen liegt die Rate bei acht bis neun Prozent.

Das Vererbungsrisiko bei Allergien

- Das Risiko, im Leben eine Allergie zu entwickeln, beträgt bei einem Säugling 5 bis 15 Prozent, wenn beide Eltern gesund sind.
- Ist ein Elternteil von einer Allergie betroffen, liegt das Risiko bei 20 bis 40 Prozent.
- Es steigt bis auf 40 bis 60 Prozent, wenn beide Eltern unter Allergien leiden.
- Das Risiko, eine allergische Erkrankung zu entwickeln, wird über Gene von den Eltern auf das Kind weiter vererbt.
- Ob sie zum Ausbruch kommt, hängt hingegen von vielen anderen Faktoren, wie z. B. der Qualität der Ernährung, der psychischen und der Umweltbelastung, ab.

Weitere allergische Symptome wie z. B. Hautekzeme und dergleichen steigen ebenfalls. Zusammengefasst war vor der Wende im Osten nur jedes fünfte Kind von Beschwerden betroffen (19 Prozent) und vier Jahre danach bereits jedes vierte Kind (27 Prozent). Im Westen war es im Vergleichszeitraum jedes dritte Kind (36 Prozent).

Butter galt einige Zeit als ungesunder Cholesterinlieferant. Die zu einseitige Bevorzugung von Pflanzenölen hat aber offenbar auch Risiken – man vermutet einen Zusammenhang mit dem Anstieg von Allergien.

Mögliche Verursacher – die Linolsäuren

Die Wissenschaftler befürchten, dass die geänderten Ernährungsgewohnheiten im Wesentlichen Schuld am Allergieanstieg haben. Betroffen sind vor allem Kinder aus Familien, die aus gut gemeinten gesundheitlichen Gründen von Butter auf Margarine umgestellt haben.

Zu viel Omega-6-Fettsäuren

Die Ursache hierfür vermutet der Lungenspezialist Professor Roland Buhl von der Uniklinik Mainz im Verzehr bestimmter Fettsorten, die das Allergie-und Asthmarisiko erhöhen können. Im Speziellen handelt es sich um die Omega-6-Fettsäuren (auch Linolsäuren genannt), die vor allem im Sonnenblumenöl, Maiskeimöl, Soja- und Distelöl sowie in Margarine vorkommen. Die Linolsäure wandelt der Körper in Arachidonsäure um. Aus dieser wiederum entstehen Stoffe, welche die Blutgefäße verengen, die Neigung zur Blutverklumpung erhöhen und Entzündungsprozesse verstärken. Zudem erhöht sich die Durchlässigkeit der Gefäßwände, so dass es leichter zu Gewebeschwellungen kommen kann. Aus den Linolensäuren, auch Omega-3-Fettsäuren genannt, entsteht hingegen im Organismus die Eicosapentaensäure. Diese ist Ausgangssubstanz für Stoffe, die das Blut flüssig halten, Entzündungen hemmen und das »schlechte« LDL-Cholesterin senken.

Es gibt entscheidende Unterschiede in der Verstoffwechselung von Omega-6- und Omega-3-Fettsäuren. Öl ist nicht gleich Öl!

Margarine – gar nicht so gesund

Durch die vermeintlich gesundheitsbewusste Ernährung mit Umstellung von Butter auf vorwiegend pflanzliche Öle und Margarine ist es zu einem Ungleichgewicht zwischen den Omega-3-Fettsäuren (Linolensäure) und den Omega-6-Fettsäuren (Linolsäure) gekommen. Ideal wäre, laut Professor Wolfram von der Uni in Weihenstephan, ein Verhältnis von fünf zu eins, d. h., es sollte nicht mehr als fünfmal so viel an Omega-6-Fettsäuren verzehrt werden, damit deren ungünstige Wirkungen nicht durchschlagen. Tatsache ist aber, dass in Deutschland das Verhältnis mit zehn zu eins doppelt so hoch ist, wie es sein sollte.

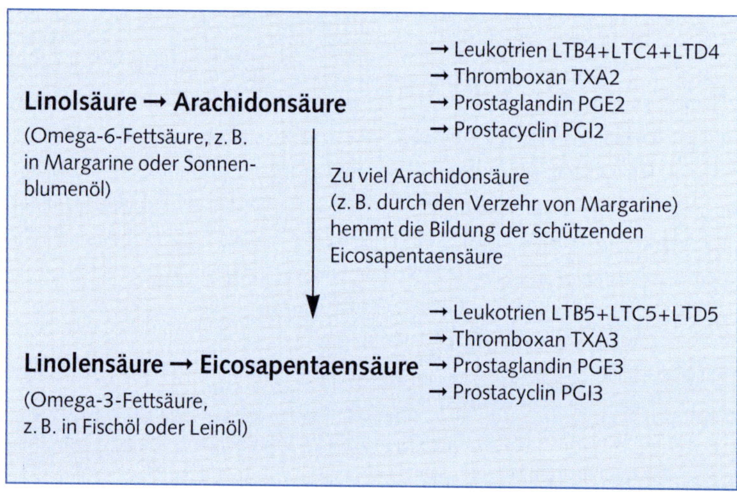

Zu empfehlen – Olivenöl und Butter

Auch vermeintlich gesunde Öle sollten sparsam verwendet und auf Margarine gänzlich verzichtet werden. Butter ist in kleinen Mengen durchaus empfehlenswert. Olivenöl erhält bei dieser Diskussion einen besonderen Stellenwert, da es ebenso wie Butter kaum eine der genannten Fettsäuren enthält. Fischöl und Leinöl gehören zu den typischen Ölen mit den »guten« Omega-3-Fettsäuren. Sofern keine Allergie gegen Fischeiweiß vorliegt, sollte Fisch mindestens zwei- bis dreimal pro Woche auf dem Speiseplan stehen. Warum nicht auch einmal Leinöl mit Quark und Kartoffeln, das Standardessen der armen schlesischen Weber, probieren? Es gilt also auch für vermeintlich gute Nahrungsmittel wie die Öle: Maß halten!

Das Olivenöl erster Pressung mit dem Namenszusatz »extra vergine« schmeckt nicht nur besonders gut, sondern darf auch nur einen Säuregrad von einem Prozent haben. Bei dem Zusatz »vergine« dürfen es ein bis zwei Prozent sein.

Arznei- und Abführmittel erhöhen das Allergierisiko

Nicht unbedenklich – Aspirin

Unter der chronischen Einnahme bestimmter Arzneimittel steigt das Risiko, eine allergische Erkrankung der unterschiedlichsten Art zu entwickeln. Hierzu gehören nichtsteroidale Antirheumamittel und Aspirin. Gerade Letzteres wird häufig zur Vermeidung eines Herzinfarkts eingenommen. In den USA schluckt bereits jeder Neunte (!) regelmäßig Aspirin in niedrigen Dosen.
Aber trotz geringer Mengen kann durch dieses Medikament die Schleimhaut im Magen und Dünndarm so stark gereizt werden, dass es zu Blutungen kommt. Eine erhöhte Durchlässigkeit für halb verdaute, noch antigenwirksame Nahrungsbestandteile ist die Folge, so dass diese in den Blutkreislauf gelangen und dort eine Antikörperbildung unterschiedlichster Art und Stärke auslösen können. Dies gilt auch für Mittel zur Behandlung rheumatischer Erkrankungen.

Enzymhemmende Medikamente

Bestimmte Arzneimittel (siehe Tabelle Seite 39) können den Abbau von Histamin im Darm hemmen. Histamin kommt vor allem in haltbar gemachten Lebensmitteln vor und wird normalerweise durch ein spezifisches Enzym (DAO im Darm) abgebaut. Wenn bestimmte Arzneimittel eingenommen werden und danach histaminhaltige Nahrung gegessen wird, dann kommt es im Dünndarm zur Aufnahme großer Mengen dieses Gewebehormons, das für allergieähnliche Beschwerden wie Kopfschmerzen, Schwindel, verschwommenes Sehen, Schwitzen, Bauchkrämpfe und Atemnot verantwortlich ist.

Es hat sich zwar inzwischen herumgesprochen, dass Abführmittel keine Schlankheitskur sind, aber in der Praxis erscheint es immer noch vielen verlockend, den Körper quasi damit zu überlisten – mit bedenklichen gesundheitlichen Folgen.

Abwehrunterdrückende Mittel

Einen Anstieg von Allergien beobachten Ärzte bei Patienten nach Organtransplantationen, die mit dem Präparat Cyclosporin A behandelt werden müssen. Hierbei wird die Immunabwehr unterdrückt, um eine Abstoßungsreaktion zu verhindern. Die logische Folge ist ein irritiertes Immunsystem.

Keine gute Lösung – Abführmittel

Die regelmäßige Einnahme von Abführmitteln führt nicht nur zu einem Verlust an wichtigen Mineralstoffen wie Kalium, Magnesium und Kalzium, sondern schädigt auch die Dünndarmschleimhaut. Sie bekommt dunkle Flecken (Melanosis coli durch sennaehaltige pflanzliche Abführmittel), und an einigen Stellen ist die Oberfläche aufgeraut und hat eine erhöhte Durchlässigkeit. Auch hier besteht die Gefahr, Allergien gegen Nahrungsmittel oder auch Medikamente zu entwickeln.

Viele Menschen greifen regelmäßig zu Fertiggerichten, die nebenbei verzehrt werden. Wer seinem Immunsystem die nötige Unterstützung zukommen lassen will, sollte seiner täglichen Ernährung aber unbedingt mehr Aufmerksamkeit schenken.

Viel Rohkost essen

Wer unter Verstopfung leidet, sollte dringend seine Ernährung so umstellen, dass er auf Abführmittel, auch auf pflanzliche, verzichten kann. Empfehlenswert ist, vor jedem Hauptgericht rohes Gemüse der Saison mit einem Joghurt oder ähnlichem Saucendip zu essen. Gut kauen ist wichtig, damit Speisen besser vertragen werden. Man kann das Gemüse auch klein raspeln; allerdings ist dann die Gefahr größer, dass man die Rohkost hinunterschlingt.

Kautabletten aus Weizenkleie sollen den Appetit dämpfen. Für die zarte Darmschleimhaut sind die unverdaulichen Fasern aber eine Zumutung, die sie auf die Dauer strapaziert und durchlässiger macht.

Einseitige Ernährung und zu viele Zusatzstoffe

Unser Immunsystem muss immer ausreichend mit lebenswichtigen Nährstoffen wie Vitaminen, Mineralstoffen und Spurenelementen versorgt sein, wenn es optimal funktionieren soll. Eine Ernährung mit wenig Obst und Gemüse, also vitaminarm, schränkt die Leistungsfähigkeit unserer Immunzellen ein.
Am deutlichsten sichtbar wird dies am wichtigsten Vitamin, dem Vitamin C. Bei Mangel steigt die Infektanfälligkeit. Aber auch bei der Allergieentstehung gilt: Für die Entwicklung einer Allergie ist nicht allein die Menge an allergischem Material von Bedeutung, sondern auch die jeweilige Reaktion unseres Immunsystems. Diese kann, in Abhängigkeit von unserer Ernährung, sehr unterschiedlich ausfallen. So hemmt z. B. viel Fett in der Ernährung die Aktivität der natürlichen »Killerzellen«, die für die Abwehr von Bakterien und Krebszellen verantwortlich sind. Ebenso legt eine Nulldiät unser Immunsystem lahm.

Vorsicht vor Weizenkleie

Viele meinen, dass das Naturprodukt Weizenkleie ideal ist, um den Magen mit Ballaststoffen zu füllen und die Verdauung zu verbessern. Leider gilt aber auch hier, wie für viele unserer Lebensmittel, dass die Verarbeitung aus dem Naturprodukt ein künstliches Produkt macht. Weizenkleie, die Hülle des Weizenkorns, kommt in dieser konzentrierten Form in der Natur nicht vor. Wir essen sie in normaler Konzentration, wenn wir Vollkornbrot zu uns nehmen. In dieser Form schadet die Weizenkleie nicht. Nehmen wir aber einige Esslöffel Weizenkleie vor dem Essen ein, vielleicht auch noch mit zu wenig Flüssigkeit, dann wirkt sie wie Schmirgelpapier auf unsere zarte Darmschleimhaut. Viele Frauen verwenden Weizenkleie, um ein Gesichtspeeling durchzuführen. Sie ahnen aber nicht, dass der Verzehr der Weizenkleie wie ein Peeling auf die Darmschleimhaut wirkt. Wer das öfter macht – vielleicht täglich –, raut seine Schleimhaut auf, so dass sie sich entzündet und vermehrt durchlässig wird. Kaum eine Frau würde mit einer Peelingcreme täglich ihr Gesicht abrubbeln, aber dem Darm wird diese Strapaze zugemutet.

Auch pure Natur kann schaden

Wir dürfen nicht vergessen, dass auch durch Nahrungsmittel Nebenwirkungen riskiert werden, wenn man diese denaturiert, also in ihre Bestandteile aufspaltet, weiter verarbeitet und einseitig verzehrt. Es sollte deshalb immer der ganzheitlicher Aspekt berücksichtigt werden. Stellen Sie sich also nicht nur die Frage, was kann ich mit einem Mittel Gutes tun, sondern gleichzeitig sollten Sie auch überlegen, ob es möglicherweise Fehlanwendungen mit unangenehmen Folgen geben kann. In diesem Fall muss man immer berücksichtigen, dass die Trennung von Mehl und Weizenkleie ein unnatürlicher Vorgang ist. Durch die regelmäßige Einnahme wird auf Dauer das Risiko eingegangen, Lebensmittelallergien zu entwickeln.

Wer Kalorien sparen will, sollte sich besser an Lebensmittel mit natürlichem »Light«-Faktor halten: Obst, Gemüse und gelegentlich magere Milch- und Fleischprodukte halten schlank und kommen ohne viele Zusatzstoffe aus.

Lebensmittelzusatzstoffe in Lightprodukten

Eindickmittel, Emulgatoren, Stabilisatoren und dergleichen mehr sind Lebensmittelzusatzstoffe, ohne die Lightprodukte nicht hergestellt werden können. Die Lebensmittel werden kalorienärmer, indem Fett entzogen und stattdessen Wasser aufgefüllt wird. Damit das neue Kunstprodukt die gleiche Festigkeit bekommt, wird mit entsprechenden Mengen an Zusatzstoffen nachgeholfen.

Dabei dürfen die Produzenten so viel an Zusatzstoffen hinzugeben, wie nötig ist, um einen bestimmten gewünschten Effekt zu erreichen – es gibt also keine festgeschriebenen Mengenbegrenzungen. Erlaubt ist, was gebraucht wird – und das kann jeder selbst entscheiden.

Aus Tierversuchen weiß man, dass diese Zusatzstoffe, wenn sie in entsprechenden Mengen und regelmäßig verabreicht werden, die Darmschleimhaut reizen können. Auch hier muss der Verbraucher mit einer

Erhöhung des Allergierisikos rechnen. Wer eine Anlage hat, Allergien zu entwickeln, der sollte auf Lightprodukte und wenn möglich auch auf andere Fertigprodukte verzichten. Nur wer seine Mahlzeiten selbst zubereitet hat, weiß, was darin enthalten ist. Die Zutatenlisten sind oftmals so schlecht lesbar oder übersät mit Fremdbegriffen, dass viele darauf verzichten, sie zu lesen.

Nach einer von Durchfall begleiteten Erkrankung sollte man noch längere Zeit sehr auf gesunde und allergenarme Nahrung achten. Der Darm braucht Zeit, um seine angegriffene Schleimhaut zu regenerieren.

Darmerkrankungen mit Spätfolgen

Darminfektionen sind oft Begleitreaktionen bei Grippeviren oder auch ein Zeichen für eine Lebensmittelvergiftung (z. B. durch Salmonellen). Wenn krank machende Keime den Verdauungstrakt besiedeln, dann kommt es zu Entzündungen der Schleimhaut, teils sogar mit leichten Blutungen. Der Darminhalt kann nicht mehr richtig eingedickt werden, und flüssige Durchfälle sind die Folge. In diesem Zustand verliert man nicht nur große Mengen an Wasser, sondern auch an wichtigen Mineralstoffen und Spurenelementen. Entscheidend sind hier die Verluste an Kalium und Natrium, da sie den Wasserhaushalt im Wesentlichen mitsteuern. Viel trinken und salzreich essen, z. B. gut gesalzene Bouillon, ist angesagt. Gerade Kinder sind leicht von der Austrocknung mit Blutdruckabfall bedroht, da deren Organismus weniger Wasservorräte hat als der des Erwachsenen. Deshalb kommt es umso schneller zum Kreislaufzusammenbruch.

Giftige Stoffe gelangen ins Blut

In derartigen Situationen werden gern Medikamente eingenommen, um den Darm ruhig zu stellen und die häufigen Stuhlentleerungen dadurch zu stoppen. Dies kann wiederum dazu führen, dass die nur unzureichend verdauten Nahrungsbestandteile oder auch Keime längere Zeit Kontakt mit der Darmschleimhaut haben und deshalb mehr giftige bzw. schädliche Stoffe in den Blutkreislauf übergehen können. Wenn man die Anlage für bestimmte Darmerkrankungen wie Colitis ulcerosa oder Morbus Crohn in den Genen verankert hat und eine massive Darminfektion erleidet, dann kann es durchaus sein, dass hierdurch die Erbanlage zum Ausbruch kommt.

Nicht gleich den Darm ruhig stellen

Nehmen Sie eine Darminfektion nicht auf die leichte Schulter. Indem Sie viel trinken und salzen, können Sie dafür sorgen, dass Elektrolyte (Mineralstoffe) sowie Vitamine wieder aufgefüllt werden. Leicht Resorbierbares ist zu empfehlen. Eiweiß als kurzkettiges KK-Protein (KK-Protein®) in Pulverform sollte eingenommen werden, Kohlenhydrate in Form von dunkler Schokolade. Den Darm ruhig stellen muss nicht immer richtig sein, da die Schadstoffinvasion ansteigt. Lassen Sie Ihren Arzt darüber entscheiden.

Erhöhtes Risiko durch Schadstoffbelastung

Allergische Beschwerden durch Hausstaubmilben treten besonders in der kalten Jahreszeit in Erscheinung. Durch die warme Luft der Heizkörper werden die staubfeinen Ausscheidungen der Milben in der Luft verwirbelt.

Schadstoffe in Lebensmitteln wie Pestizide und dergleichen belasten unser Immunsystem ebenso wie die Schadstoffe in der Luft. Über die Einatmung bestimmter allergen wirkender Stoffe kann sich eine Soforttypreaktion mit laufender Nase und asthmaähnlicher Luftnot entwickeln. Im Wohnbereich spielt die Hausstaubmilbe die größte Rolle. Dieses winzige Tierchen hält sich vor allem in Teppichböden, Vorhängen, Polstermöbeln und Matratzen auf und lebt von den eiweißhaltigen Hautschuppen, die der Mensch täglich verliert. Der Kot des Tieres enthält Eiweiß, wogegen der Mensch, wenn er den Kot mit dem Hausstaub aufnimmt, Allergien entwickelt.

Gifte in Wohnräumen und auf der Straße

Weiterhin sind als Allergieauslöser Schimmelpilze zu nennen, die vor allem in schlecht gelüfteten feuchten Räumen in hohen Konzentrationen vorkommen und eingeatmet werden. Schadstoffe, die in Wohnräumen messbar sind, stammen aus Polstermöbeln, Teppichen oder lasiertem Holz. In der Regel handelt es sich um Formaldehyd, Lindan und Isocyanate, mit denen Möbel und Stoffe spezialbehandelt werden. In Wohngegenden mit hohem Verkehrsaufkommen kommen noch Stickoxide und Schwefeldioxide zur Schadstoffbelastung hinzu, so dass es dem Menschen kaum möglich ist, einer Schadstoffbelastung zu entgehen, egal, ob er sich innerhalb oder außerhalb der Wohnung aufhält. Umso wichtiger sind die Erholungsfahrten am Wochenende ins Grüne.

Ernährung kann Ausgleich schaffen

Schadstoffe sind im höchsten Maß Vitaminräuber, so dass – wenn hier adäquate Ernährung keinen Ausgleich schafft – das Immunsystem in der Abwehr geschwächt wird. Das Risiko, eine Lebensmittelallergie zu entwickeln, ist deshalb bei bereits bestehender Hausstaub- oder Pollenallergie groß. Gerade bei letzteren werden wegen Kreuzreaktionen (siehe Seite 95) bestimmte Lebensmittel nicht vertragen.

In der Summe belasten sowohl Schadstoffe in Wohnräumen als auch Schadstoffe in verkehrsreichen Zonen unser Immunsystem. Je höher die Belastung, umso mehr müssen Sie auf eine gesunde Ernährung achten. Die nach wie vor größte Schadstoffbelastung stellt das Rauchen dar, sowohl für den Raucher als auch für die Umgebung.

In der Regel haben Kinder von Raucherinnen im Schnitt ein niedrigeres Geburtsgewicht als Kinder von nicht rauchenden Müttern und leiden im späteren Leben häufiger unter Krebserkrankungen.

Rauchen in der Schwangerschaft

Leider gibt es noch immer viele Frauen, die während der Schwangerschaft rauchen. In der Zwischenzeit ist hinreichend bekannt, dass das Kind im Mutterleib dadurch mitgeschädigt wird. Auch die Allergieneigung nimmt deutlich zu. Das Risiko des Kindes bei nicht rauchenden Müttern liegt für die Entwicklung einer allergischen Hauterkrankung (Neurodermitis) oder Asthma bronchiale bei 33 Prozent. Wenn das Kind aber eine Raucherin zur Mutter hat, dann steigt es fast auf das Doppelte an (ca. 57 Prozent). Diese Zahlen stammen aus einer Untersuchung von Kindern in einer Gegend in Bayern, die eine hohe Luftverschmutzung mit Schwefeldioxid und Stickoxiden hat. Das bedeutet, dass die Schädigung des Immunsystems durch Umweltschadstoffe schon im Mutterleib seinen Anfang nimmt und durch Rauchen nochmals deutlich verschlimmert wird.

Jede Mutter trägt eine hohe Verantwortung für das noch ungeborene Kind und sollte deshalb, wenn sie den Wunsch nach Kindern hat, das Rauchen aufgeben. Andernfalls besteht die Gefahr, dass sie, wie so oft, erst nach etlichen Wochen bis Monaten merkt, dass sie schwanger ist, und das Kind in der Zwischenzeit den Schadstoffen ausgesetzt war. Gerade in den ersten drei Entwicklungsmonaten, wo die Organe angelegt werden, ist das heranwachsende Kind höchst gefährdet. In dieser kritischen Zeit wissen aber viele Frauen noch nichts von ihrer Schwangerschaft. Deshalb ist dringend zu raten, das Rauchen umgehend zu stoppen, wenn man sich ein Baby wünscht.

Dem Allergen auf die Spur kommen

Die Diagnoseverfahren

Dass es oft so schwer ist, der Ursache der Beschwerden auf die Spur zu kommen, hängt damit zusammen, dass die allergische Reaktion gleichzeitig durch unterschiedliche Einzelmechanismen ausgelöst wird, die zur Bildung verschiedener Botenstoffe und zur Freisetzung von Gewebehormonen führt.

Noch unübersichtlicher wird das allergische/pseudoallergische Geschehen dadurch, dass die Nervenzellen, das Gehirn und die Blutgefäße in direktem Austausch mit dem Immunsystem stehen. Hierüber werden auch noch die körperlichen Reaktionen beeinflusst. Wir wissen heute, dass die Psyche, die ebenfalls Verbindungen zum Immunsystem hat, dabei eine sehr wichtige Rolle spielt. Wen wundert es da noch, dass die Beschwerden, die durch eine Unverträglichkeit ausgelöst werden, nahezu alle Symptome der inneren Medizin und Dermatologie nachahmen können. Haben Sie schon einmal bei Gelenkschmerzen oder Konzentrationsstörungen an eine Nahrungsmittelallergie gedacht?

Selbst wenn, hängt es immer noch davon ab, ob die richtigen Untersuchungsmethoden eingesetzt werden, mit denen der Nachweis einer Allergie/Pseudoallergie gelingt. Andernfalls wird man dann mit der Diagnose »psychovegetative Störung« nach Hause entlassen.

Um einer Allergie auf die Spur zu kommen, muss der Arzt nicht nur Ihre Beschwerden, sondern auch Ihre Ernährungsgewohnheiten und Besonderheiten der beruflichen und privaten Umgebung kennen.

Was der Arzt von Ihnen wissen muss

Es kommt deshalb entscheidend darauf an, dass der Patient sich und seinen Körper gut beobachtet, damit er dem behandelnden Arzt die entscheidenden Hinweise liefern kann, die diesen veranlassen, eine Allergiediagnostik einzuleiten.

Das Vorgehen des Arztes könnte man mit dem eines Automechanikers vergleichen, der Ihr Auto, das nicht mehr richtig fährt, reparieren will. Sie schildern zuerst die Störung an Ihrem Wagen, je genauer, umso besser – so dass der Mechaniker bestimmte Ursachen von vornherein ausschließen und auf die Suche nach den wahrscheinlichsten Auslösern gehen kann. So checkt er ein verdächtiges Detail nach dem anderen durch, bis er den Schaden findet. Wenn die Reparatur dann an der richtigen Stelle fachgerecht ausgeführt wird, dann funktioniert Ihr Wagen wieder einwandfrei.

Ein Verzehrtagebuch führen

Es kommt also in erster Linie darauf an, wie exakt Sie dem behandelnden Arzt schildern, wann und in welcher Stärke Ihre Beschwerden auftreten. Wenn Sie selbst den Verdacht haben, dass Nahrungsmittel hinter Ihren Symptomen stecken könnten, dann empfiehlt es sich, ein Verzehrtagebuch über drei Wochen hinweg zu führen.

Der Nachweis einer Allergie oder sonstigen Unverträglichkeit eines Lebensmittels gehört zu den schwierigsten Aufgaben eines Allergologen. Sie können selbst einiges tun, um die Diagnose zu erleichtern.

Sie schreiben darin genau auf, zu welcher Uhrzeit Sie welche Menge von bestimmten Lebensmitteln gegessen haben. Dazu notieren Sie sich auch, wann und wo die Symptome aufgetreten sind. Dies ist besonders bei der Pseudoallergie nötig, da diese oftmals ausbleibt, wenn Sie nur wenig von dem entsprechenden Nahrungsmittel essen. Seien Sie möglichst exakt, dann lässt sich daraus vielleicht schon das eine oder andere als verdächtig erkennen.

Alle Beschwerden vermerken

Schreiben Sie auch da Beschwerden auf, wo Sie keinen Zusammenhang vermuten, wie z. B. Kopfschmerzen, Schlafstörungen, Konzentrationsschwächen, depressive Verstimmungen oder auch Gelenkschmerzen. Dadurch, dass die Immunabwehrzellen Kontakt zur Psyche haben, sollten Sie auch eine z. B. neu aufgetretene Launenhaftigkeit nicht einfach hinnehmen, sondern als mögliche Reaktion auf ein Nahrungsmittel in Erwägung ziehen.

Verdacht gegen ein bestimmtes Lebensmittel

Zunächst erfolgt in jedem Fall eine gründliche Untersuchung aller Organe, um auszuschließen, dass Symptome wie z. B. Luftnot nicht durch Herzschwäche verursacht werden. Nach der Organuntersuchung wird genau gefragt, ob es schon früher Allergien o. Ä. beim Patienten oder bei Familienmitgliedern gab. Wenn aus den sorgfältig aufgezeichneten

Beschwerden ein oder mehrere Nahrungsmittel verdächtig erscheinen, dann wird nach einer allergischen Ursache gesucht. Am ehesten kommen hier die Typ-I- oder die Typ-IV-Allergie infrage. Sie lassen sich leider nicht durch die Art der Symptome abgrenzen, so dass der Arzt eine Blutuntersuchung veranlassen muss.

Die Zellen der Immunabwehr stehen in unablässigem und engem Informationsaustausch mit Nervenzellen, dem Gehirn und den Blutgefäßen.

Der Nachweis einer Typ-I-Allergie

Zur Ermittlung einer Typ-I-Reaktion wird der so genannte Basophilenaktivierungstest durchgeführt. Er wird auch als LTC 4-Assay bezeichnet. Dabei misst man, wie viel des Botenstoffs Sulfidoleukotrien C4 (= LTC 4) aus bestimmten Immunzellen ausgeschüttet wird. Es handelt sich um die »basophilen Granulozyten«.

Da dieser Botenstoff erst dann in der Immunzelle produziert wird, wenn die allergische Reaktion abläuft – im Gegensatz zu Histamin, das immer in diesen Immunzellen auch ohne Allergie eingeschlossen ist –, lässt sich damit mit hoher Wahrscheinlichkeit nachweisen, dass das Immunsystem durch einen bestimmten Stoff aktiviert worden ist.

Das verdächtige Lebensmittel wird dazu entsprechend präpariert oder als fertig käuflicher Extrakt mit dem Serum des Patienten vermischt, in dem sich auch die Immunzellen (basophile Granulozyten) befinden. Der Nachweis des Allergiebotenstoffs belegt damit, dass eine allergische Reaktion mit Aktivierung der basophilen Granulozyten stattgefunden hat. Würde man nur die Histaminfreisetzung messen, dann wäre hier eine Ungenauigkeit einzukalkulieren, weil es bei Nahrungsmittelallergikern auch ohne Antigenkontakt zu einer spontanen Ausstoßung des Botenstoffs Histamin kommen kann. In diesem Fall würde ein falsches Lebensmittel verdächtigt werden.

Auf eine Typ-IV-Allergie testen

Fällt das Ergebnis negativ aus, dann wird die Hypothese untersucht, ob das verdächtige Nahrungsmittel eine Typ-IV-Allergie verursacht hat. Da bei dieser Reaktion das Immunsystem umgangen wird und die Histaminfreisetzung ohne Bildung von Antikörpern (IgE) erfolgt, muss ein anderes Testsystem zum Einsatz kommen.

Dort, wo bei der Typ-I-Reaktion zu einem bestimmten Antigen Antikörper (IgE) gebildet werden, die den Allergisierungsvorgang im Wesentlichen steuern, kommt es hier zur direkten Eröffnung der Mastzellen des Immunsystems mit Freisetzung von Histamin. Kuhmilch ist ein Beispiel für ein Lebensmittel, das neben einer Typ-I- auch eine Typ-IV-Reaktion auslösen kann. Hier kommt es also zu einer so genannten zellulären Allergie. Typisch ist, dass die Lebensmittel viele Jahre lang ohne Probleme vertragen wurden und erst zu einem späteren Zeitpunkt eine Allergisierung erfolgt.

Der Weg des Antigens

Das Fremdeiweiß, z. B. Kuhmilcheiweiß, das durch eine entzündete oder irritierte Darmschleimhaut in den Blutkreislauf schlüpft, wird von bestimmten Immunzellen (Makrophagen) aufgenommen und verarbeitet. In diesem Fall wird es in kleinere Stücke zerlegt und auf der Zelloberfläche platziert.

Gibt es Immunzellen (CD 4-T-Lymphozyten), die aufgrund eines früheren Kontakts mit dem Antigen sensibilisiert wurden, dann können diese die Antigenstücke auf der Zelloberfläche des Makrophagen erkennen. Da die CD 4-T-Zellen aber durch keinerlei Reize angelockt werden, ist es dem Zufall überlassen, wann eine passende Zelle vorbeikommt, die das entsprechende Antigen auf ihrer Zellaußenwand sitzen hat. Das kann zwischen 24 und 72 Stunden dauern.

Erkennt diese CD 4-T-Zelle die Antigenteilchen, dann setzt sie Botenstoffe (Zytokine) frei, die auf vielfältige Weise an dieser Stelle eine Gewebeentzündung auslösen.

Immunzellen können die gleichen Botenstoffe produzieren, wie sie auch unser Gehirn für die Steuerung von Stressreaktionen und dergleichen verwendet.

Gedächtniszellen liefern den Beweis

Mit dem so genannten Lymphozytentransformationstest (= LTT) wird das Vorhandensein von sensibilisierten CD 4-T-Lymphozyten erkann. Dazu werden die Lymphozyten aus dem Patientenserum extrahiert (herausgefiltert) und mit dem Antigen zusammengebracht.

Dann wartet man bis zu sechs Tage darauf, dass sich die Gedächtniszellen vermehren. Diese werden bei jeder allergischen Reaktion produziert. Der Vorgang der Vermehrung von Gedächtniszellen wird gemessen, indem man die zum Zellneubau benötigte Aminosäure (Eiweißbaustein) Thymidin dazugibt, welche vorher radioaktiv markiert wurde. Wenn durch den Antigenkontakt neue identische Gedächtniszellen entstanden sind, dann lässt sich dies am Einbau der markierten Aminosäuren messen.

Kurzgefasst – Diagnose bei bestimmtem Verdacht

- Zuerst wird eine gründliche körperliche Untersuchung vorgenommen, um auszuschließen, dass Organerkrankungen die Ursache der Beschwerden sind.
- Die Frage nach bestimmten früheren allergischen Reaktionen bei Familienmitgliedern oder bei einem selbst schließt sich an.
- Zeit- und geldsparend ist es, wenn der Patient ein Verzehrtagebuch über drei Wochen hinweg führt, in dem er alles einträgt, was er gegessen hat, sowie die Uhrzeit und die Menge notiert und genau beschreibt, wann und wie intensiv Beschwerden aufgetreten sind.
- Bei Verdacht auf ein bestimmtes Lebensmittel folgt der LTC 4-Test auf eine Typ-I-Allergie.
- Wenn dieser Test negativ ausfällt, dann versucht man mittels des LTT-Tests herauszufinden, ob eine Typ-IV-Allergie vorliegt.
- Ca. ein Drittel aller Nahrungsmittelekzeme auf der Haut sind Typ-IV-Allergien.

Die Symptome einer Nahrungsmittelunverträglichkeit können so vielfältig sein, dass sie wie ein Chamäleon viele andere Krankheits- bzw. Beschwerdebilder nachahmen.

Wenn der Auslöser völlig unbekannt ist

Lässt sich trotz Verzehrtagebuch kein bestimmtes Lebensmittel erkennen, welches Ursache von Beschwerden sein könnte, dann muss man einen sehr aufwändigen Screening-Test durchführen.

Das Typ-I-Screening-Test-Verfahren

Dazu wird derzeit der so genannte ELISA-Test (= enzyme-linked immunosorbent assay) oder auch kurz EIA-Test eingesetzt. Mit diesem Test sucht man nach bestimmten Antikörpern (sowohl aus der Klasse

IgG als auch der Klasse IgE) gegen 42 Nahrungsmittel. Dazu werden Antikörper der Klassen IgG und IgE aus dem Patientenserum durch ein Spezialverfahren herausgefiltert und mit einem bestimmten Enzym verbunden. Die derartig gekoppelten Antikörper werden dann mit 42 verschiedenen Nahrungsmittelantigenen zusammengebracht. Passt der Schlüssel ins Schloss, also die Antikörper im Serum auf die Lebensmittelproben, dann kommt es zu einer Reaktion, in deren Folge das Enzym ein farbiges Produkt erzeugt in einer vorher farblosen Lösung. Der Farbumschlag ist somit der Beweis, dass das Patientenserum auf bestimmte Lebensmittel reagiert.

Werden IgE-Antikörper gefunden, so ist das ein Hinweis auf eine allergische Reaktion vom Soforttyp; hier folgen also die Beschwerden bereits wenige Minuten bis zu einer halben Stunde nach Verzehr des nicht vertragenen Lebensmittels. Typisch sind dann Juckreiz, Luftnot, tränende Augen und eine laufende Nase.

Die gleichzeitige Untersuchung auf IgG-Antikörper ermöglicht die Unterscheidung zwischen einer Typ-I-Allergie mit IgE-Antikörpern und einer Typ-III-Allergie mit IgG-Antikörpern.

Nicht immer treten Beschwerden auf

Beachten muss man hier jedoch, dass bei einigen Patienten IgE-Antikörper gegen Nahrungsmittel im Blutserum gefunden werden, ohne dass Beschwerden bzw. Symptome vorhanden sind. Sehr oft zeigt sich, dass sich die Allergie aufgrund einer Verletzung oder Entzündung an der Darmschleimhaut ausbildet.

Ursachen sind häufig Virusinfektionen, Laktasemangel mit Milchunverträglichkeit oder regelmäßiger Gebrauch von Abführmitteln. An den defekten Stellen der Schleimhaut schlüpfen größere, nur zum Teil verdaute Nahrungsbestandteile hindurch, die noch allergen wirken. In der Regel sind es die eiweißhaltigen Bestandteile unserer Nahrung, wobei pflanzliches Eiweiß eine stärkere Allergisierungsrate hat (z. B. Sojabohnen) als tierisches Eiweiß.

Hinweis auf einen angegriffenen Darm

Werden bei Personen ohne typische allergische Beschwerden bei einer Serumuntersuchung IgG-Antikörper vom Subtyp IgG4 gefunden, ist dies ein Hinweis darauf, dass die Darmschleimhaut eine vermehrte Durchlässigkeit hat (»leaky gut«). Dann sollte man den Laktulose-Mannitol-Quotienten im Urin messen lassen (siehe Seite 132f.), um den Grund für die Schleimhautirritation gezielt suchen zu können.

Screening-Test mit 42 Nahrungsmitteln

Fleisch
- Huhn
- Schwein

Fisch
- Forelle
- Hering
- Karpfen
- Miesmuschel
- Sardine
- Thunfisch

Milchprodukte
- Camembert
- Gouda
- Joghurt
- Kuhmilch
- Schweizer Käse

Getreide
- Dinkel
- Reis
- Roggen
- Sojabohne
- Weizen

Gemüse
- Kartoffel
- Knoblauch
- Petersilienknolle
- Selleriewurzel
- Tomate

Obst
- Apfel
- Grapefruit
- Orange
- Pfirsich
- Weintraube
- Zitrone

Gewürze und Kräuter
- Majoran
- Pfeffer
- Zimt
- Knoblauch
- Petersilie

Nüsse
- Erdnuss
- Haselnuss
- Walnuss

Getränke
- Kaffee
- Schwarzer Tee

Süßigkeiten
- Schokolade

Sonstige tierische Produkte
- Hühnereiklar
- Hühnereigelb

(Nach: Privatdozent Dr. Bieger, München)

Die hier aufgeführten Lebensmittel lösen besonders häufig Allergien aus. Deshalb wurden sie in den Screening-Test aufgenommen, der ein breites Spektrum möglicher Allergene überprüft.

Der Patient muss meist viel Geduld aufbringen für die Diagnose einer Lebensmittelunverträglichkeit. Die Tests sind aufwändig und brauchen Zeit; oft sind mehrere Verfahren nötig, um dem Auslöser der Beschwerden auf die Spur zu kommen.

Kurzgefasst – die Diagnose bei unbekanntem Auslöser

- Man greift zu einem Screening-Verfahren, bei dem verschiedene Nahrungsmittel getestet werden.
- Bei einer Sofortreaktion nach dem Essen liegt der Verdacht auf eine Typ-I-Allergie nahe. Hier setzt man den ELISA-Test ein.
- Findet man hier Antikörper der Gruppe IgG statt der Gruppe IgE, dann handelt es sich vermutlich um eine Typ-III-Allergie.
- Wenn sich daran nichts erkennen lässt, misst man den Aktivierungsgrad der basophilen Granulozyten mit dem LTC 4-Screening-Test.
- Ist auch hier keine Anzeige für eine Allergie erkennbar, kann man den Spezialtest CD 63 einsetzen.
- Hier lässt sich das Typ-IV-Testverfahren anschließen, und zwar mittels des LTT-Screening-Tests.
- Wenn ein Patient Beschwerden nicht 5 bis 30 Minuten nach dem Essen bekommt, sondern erst viel später, beginnt man die Allergiesuche in umgekehrter Reihenfolge. Hierbei sollte man zunächst den LTT-Screening-Test und danach erst den ELISA-Screening-Test einsetzen.
- Wenn Antikörper vom Typ IgG4 gefunden werden, ist dies ein Hinweis auf eine erhöhte Durchlässigkeit der Darmschleimhaut. Der Laktulose-Mannitol-Quotient im Urin sollte gemessen werden.

Die Aktivierung der Immunzellen wird geprüft

Wenn mit diesem Multi-Screening keine Allergisierung gefunden werden kann, dann kommt schließlich der LTC 4-Test (siehe Seite 121) als Screening auf die gleichen Standardnahrungsmittel zum Einsatz. Mit ihm wird ermittelt, ob überhaupt eine Aktivierung der basophilen Granulozyten (= Immunzellen) durch einen allergischen Vorgang stattgefunden hat.

Test auf eine IgE-gesteuerte Allergie

Wenn sich weder mit dem EIA-Screening-Test noch mit dem LTC 4-Screening-Test verdächtige Antikörper finden lassen, das klinische Beschwerdebild aber eigentlich auf eine IgE-vermittelte Soforttypallergie hinweist, dann gibt es ein weiteres Testverfahren. Das derzeit empfindlichste, um eine IgE-Antikörper-vermittelte Allergie zu entdecken, ist der CD 63-Test.

Ein kompliziertes Verfahren

Sind die basophilen Granulozyten durch ein Allergen aktiviert, dann bilden sie neben dem Botenstoff LTC 4 (Sulfidoleukotrien C 4) ein weiteres Aktivierungsmolekül, das CD 63-Molekül, welches sie an ihrer Oberfläche deponieren. Normalerweise findet man bei Gesunden nur zwei Prozent der basophilen Granulozyten mit CD 63-Molekülen auf der Zelloberfläche. Bei Allergien hingegen sind es bis zu 90 Prozent. Da der Nachweis des CD 63-Moleküls technisch sehr aufwändig und mit hohen Kosten verbunden ist, bleibt er besonderen Problemfällen vorbehalten. Wenn die Suche nach Typ-I- oder Typ-III-Allergien nichts zeigt, dann schließt man den Lymphozytentransformationstest (LTT) auf 42 Lebensmittel an. Näheres siehe Seite 123ff.

Der CD 63-Test ist ein sehr teures Verfahren, das nur in schwierigen Fällen angewendet wird. Bei anhaltend starken Beschwerden bei unbekanntem Auslöser und nach Ausschöpfung anderer Diagnosemethoden sollten Sie den Test aber unbedingt durchführen lassen.

Die Darmspiegelung

Diese Untersuchung kann nur durchgeführt werden, wenn ein Endoskop in den Darm eingeführt wird. Mit Hilfe einer schlauchförmigen Glasfaseroptik lässt sich der Darm von innen betrachten, weshalb man diese Methode auch Darmspiegelung nennt.
Während der Untersuchung kann man kleine Mengen des verdächtigen Lebensmittels direkt auf die Darmschleimhaut aufbringen. Bei Reaktion der Schleimhaut lässt sich nach 20 Minuten eine Rötung erkennen. Man entnimmt zur Bestätigung eine Gewebeprobe. Lassen sich darin aktivierte Mastzellen finden und eine erhöhte Zahl an eosinophilen Granulozyten, so ist dies eine Bestätigung für die Lebensmittelallergie.
Statt unsicherer Hauttests empfehlen Experten heute, diesen COLAP-Test (= colonoscopic allergen provocation) bei Patienten mit Verdacht auf eine Nahrungsmittelallergie einzusetzen. Allerdings handelt es sich hierbei um ein Verfahren, das für den Patienten ziemlich unangenehm und aufwändig ist.

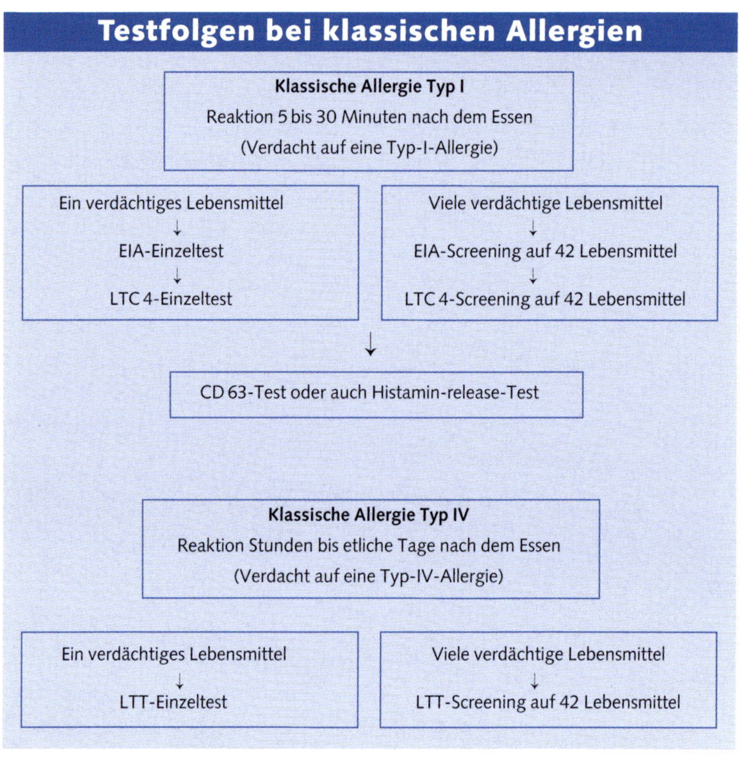

Konzentrationsschwächen, Schlafstörungen, Gelenkbeschwerden, Kopfschmerzen, depressive Verstimmungen u. Ä. können durchaus die Folge einer Nahrungsmittelunverträglichkeit sein.

Wenn der Laborbefund keine Allergie anzeigt

Auch Pseudoallergien können die Symptome der klassischen Allergie nachahmen. Bei ihnen kommt es zu Störungen, ohne dass das Immunsystem reagiert. Im Wesentlichen betrifft dies:

- Histaminose durch Lebensmittel oder Medikamente
- Aspirinunverträglichkeit
- Unverträglichkeit von Lebensmittelzusatzstoffen

Meist äußern sich die Beschwerden wie bei der Typ-I-Allergie, sie setzen kurze Zeit nach Aufnahme des auslösenden Stoffs ein. Tränende Augen, eine laufende Nase, Hautjucken bis hin zum Blutdruckabfall mit

Ohnmacht können auftreten. Bei Kindern sind sie ausgesprochen selten. Sie treten meist erst im Erwachsenenalter auf. Bei derzeit steigender Tenzenz geht man davon aus, dass ca. 20 Prozent der Bevölkerung betroffen sind. Gefährdet sind vor allem ältere Menschen, wenn sie histaminhaltige Lebensmittel essen und gleichzeitig mehrere kritische Medikamente einnehmen.

Die Histaminose durch Nahrungsmittel

Eiweißhaltige Nahrungsmittel wie Fisch, Fleischwaren und Käse können entweder durch Herstellungs- bzw. Verarbeitungsprozesse oder durch Überalterung einen erhöhten Gehalt an Histamin und ähnlichen Stoffen enthalten. Von Letzteren seien z. B. Putrescin oder Kadaverin genannt, die wie das Histamin zu den biogenen Aminen gehören. Diese über die Nahrung aufgenommenen Histamine werden normalerweise durch ein Enzym, das in der Darmschleimhaut sitzt, abgebaut (Diaminooxidase = DAO).

Auch Leber- oder Magenerkrankungen können bewirken, dass im Darm zeitweilig oder auf Dauer zu wenige Enzyme für die Verarbeitung mancher Nahrungsbestandteile zur Verfügung stehen.

Bei entzündlichen Magen-Darm-Erkrankungen oder auch allein mit zunehmendem Alter kann dieses Enzym in seiner Wirkung gehemmt sein, so dass vermehrt Histamin oder andere biogene Amine in den Blutkreislauf gelangen. Besonders in verdorbenen Konserven lassen sich große Mengen Histamin finden. Bereits fünf bis zehn Milligramm Histamin können zu starken Bauchschmerzen, Übelkeit, Schwindel und Kopfschmerzen einige Stunden nach dem Verzehr führen.

Hoher Blutdruck durch Tyramin

Das biogene Amin, Tyramin, das vor allem in bestimmten Käsesorten gefunden wird, steigert den Blutdruck, indem es zu einer Erhöhung von Stresshormonen im Blut führt. Bluthochdruckkrisen mit tödlichem Ausgang (Schlaganfall) sind hier gelegentlich aufgetreten.
Biogene Amine finden sich auch in Chianti sowie Bordeaux, im Bier, in Hefe, Sauerkraut, Tomaten und Bohnen. Darüber hinaus sind die Konservierungsstoffe Benzoesäure und Sorbinsäure sowie Farbstoffe in Lebensmitteln zu nennen. Bei Tyramin und anderen biogenen Aminen steht die Wirkung auf den Blutdruck im Vordergrund. Bei Histamin hingegen sind es die Beschwerden wie Luftnot oder Hautjucken kurze Zeit nach dem Essen. Um Näheres zu erfahren, misst man den Histamingehalt im Vollblut und den Methylhistamingehalt im Urin.

Histaminose durch Aspirin

Aspirin, das weltweit am häufigsten geschluckte Arzneimittel, kann direkt an bestimmten Immunzellen (Mastzellen) eine Ausschüttung von Histamin auslösen. Histamin ist natürlicherweise immer in den Mastzellen und den basophilen Granulozyten vorhanden, auch ohne Vorliegen einer Allergie. Diese Histaminausschüttung kann auch durch die nichtsteroidalen Rheumamittel geschehen. 20 bis 30 Minuten nach deren Einnahme treten juckende Nesselsucht auf der Haut und Luftnot auf. Der Mechanismus, wie Medikamente die Mastzellen zur Histaminausschüttung anregen, ist nicht bekannt.

Histaminose durch weitere Medikamente

Herzmittel, Antibiotika, Schmerzmittel zur Muskelentspannung sowie Röntgenkontrastmittel können ebenfalls den Histamingehalt im Blut erhöhen und damit Ursache einer Unverträglichkeitsreaktion (vergleiche Aspirin) sein. Allerdings kommt es hier nicht zu einer Ausschüttung von Histamin aus den Mastzellen. Vielmehr steigen die Histaminspiegel im Blut aus anderen Gründen an. Diese Medikamente hemmen das Enzym Diaminooxidase, das das Histamin in der Darmschleimhaut abbaut, welches in unseren Nahrungsmitteln enthalten ist. Wird es nicht zerlegt, gelangen teilweise große Mengen davon über die Darmschleimhaut in den Blutkreislauf. Diese Wirkung kommt aber nur zustande, wenn die Medikamente gleichzeitig mit histaminhaltigen Lebensmitteln eingenommen werden.

Wer im Alter mit Blähungen auf Milch reagiert, sollte es mit Joghurt versuchen: Hier ist der Milchzucker bereits durch Milchsäurebakterien zerlegt.

Milchunverträglichkeit durch Enzymmangel

Milchunverträglichkeit entsteht häufig mit zunehmendem Alter. Der Genuss von Milch löst Bauchschmerzen mit Blähungen oder Durchfällen aus. Je nach Menge können die Beschwerden unterschiedlich stark sein. Verantwortlich ist ein mit dem Alter einhergehender Mangel an dem Enzym Laktase, das den Milchzucker, die Laktose, abbaut.

Joghurt wird hingegen vertragen, da hier der Milchzucker durch die Joghurtbazillen bereits zerlegt wurde. Bei Asiaten finden wir diesen Enzymdefekt bei großen Teilen der Bevölkerung. Es handelt sich hier um einen Gendefekt, der weitervererbt wird. Andere Enzymmängel, die mit Verdauungsproblemen einhergehen, wie der Fruktosemangel und der Sukrose-Isomaltase-Defekt, sind sehr selten.

Erhöhte Durchlässigkeit der Darmschleimhaut

Da der Darm unser größtes Immunorgan ist, gehört eine genaue Untersuchung der Durchlässigkeit der Darmschleimhaut zu jeder Allergiediagnostik. Eine Störung dieser Immunbarriere ist maßgebliche Ursache für die Entwicklung von Unverträglichkeitsreaktionen bzw. Allergien auf bestimmte Nahrungsmittel. Zahlreiche Erkrankungen des Darms, die mit einer Entzündung einhergehen, kommen deshalb als Verursacher in Betracht.

Zu Darmerkrankungen und zur Pflege des wichtigsten Immunorgans finden Sie zahlreiche Informationen im Kursbuch »Krank ohne Grund? Ursache Darm« von Elisabeth Lange, das ebenfalls im Südwest Verlag erschienen ist.

Kurzgefasst – Laborbefund zeigt keine Allergie

- Unverträglichkeiten mit nicht immunologischer Ursache ahmen »echte« Allergien nach. Sie treten kurz nach dem Essen auf; Erwachsene sind häufiger betroffen.
- Eine Histaminose tritt auf nach dem Verzehr histaminhaltiger Nahrungsmittel, bei gleichzeitiger Histaminabbaustörung im Dünndarm.
- Auch Aspirin oder bestimmte Rheumamittel können den Histaminspiegel steigen lassen, indem sie die Freisetzung dieses Gewebehormons aus den Mastzellen auslösen. Anders als bei einer Antigen-Antikörper-Reaktion sind aber keine Antikörper nachweisbar.
- Andere Arzneimittel wiederum hemmen das Enzym im Darm (Diaminooxidase), welches das Histamin, das in unseren Lebensmitteln enthalten ist, abbaut. Eine Erhöhung der Histaminspiegel im Blut ist die Folge.
- Bei hellhäutigen Bevölkerungsgruppen werden mit zunehmendem Alter Mangelerscheinungen am Enzym Laktase beobachtet. Der Abbau des Milchzuckers ist dadurch gehemmt.

Der Laktulose-Mannitol-Quotient	
Laktulose-Mannitol-Quotient	**Verdachtsdiagnose**
0,03–0,05	Gesund
> 0,08	Colon irritabile (Reizdarm)
> 0,11	Kuhmilchallergie
0,12–0,38	Darmentzündung
> 0,15	Nahrungsmittelallergie Typ I
0,21–0,28	Morbus Crohn

Virus- oder Bakterieninfektionen mit Bauchsymptomatik, Morbus Crohn, Colitis ulcerosa, Enzymmangel, Tumore, aber auch Abführmittel sowie Eindickmittel und Emulgatoren können schuld an den Beschwerden sein. Gerade Letztere werden als Auslöser oft übersehen.

Künstliche Ernährung nach einem Unfall oder einer Operation kann ebenfalls eine höhere Durchlässigkeit des Darms nach sich ziehen. Wenn bestimmte Eiweiß- und Ballaststoffe fehlen, beginnt rasch ein Abbau der Darmschleimhaut.

Ein Teufelskreis entsteht

Wenn sich eine Allergie erst einmal vollständig entwickelt hat, dann verursacht sie in der bereits ausführlich beschriebenen Weise Störungen der Barrierefunktion der Schleimhaut, so dass ein Teufelskreis entsteht. Gerade jetzt im Krankheitsfall, wo die Schleimhaut besonders gut funktionieren sollte, ist sie derartig beeinträchtigt, dass sie mehr und mehr Krankheitserreger passieren lassen muss, die natürlich ihrerseits mehr und mehr Schaden anrichten, was wiederum die Schleimhaut immer stärker schädigt und durchlässiger werden lässt. Auch die so genannten Autoimmunerkrankungen, bei denen der Organismus Antikörper gegen körpereigenes Gewebe bildet, werden oftmals auf Nahrungsmittelallergien zurückgeführt. Sie treten überraschend häufig bei rheumatischen Gelenkbeschwerden auf, beim systemischen Lupus erythematodes oder ähnlichen Erkrankungen mit autoimmunen Vorgängen. Dies erklärt auch, warum häufig Rheumatiker unter Fastenkuren beschwerdefrei werden. Milch- und Milchprodukte finden sich hier als häufigste allergieauslösende Lebensmittel. Gerade bei den Spätreaktionen vom Typ IV sind des Öfteren zusätzlich Autoimmunreaktionen im Serum nachweisbar.

Test der Schleimhautdurchlässigkeit

Es gibt zwei Zuckerarten, die der Körper nicht verstoffwechseln kann: die Laktulose und das Mannitol. Die Laktulose hat eine Molekülgröße, die eine normale Aufnahme bei gesunder Schleimhaut nicht möglich macht. Mannitol als kleines Molekül kann hingegen durch die Schleimhaut hindurchschlüpfen. Bei gesunder Schleimhaut wird also die Laktulose nicht aufgenommen, Mannitol dagegen vollständig. Aus den Mengen, die von den beiden Zuckern im Urin ausgeschieden werden,

Kurzgefasst – erhöhte Durchlässigkeit des Darms

- In der Regel kann eine Allergie auf Nahrungsmittel erst entstehen, wenn fremde antigen wirkende Substanzen in den Blutkreislauf eingedrungen sind. Das passiert, wenn die Darmschleimhaut eine erhöhte Durchlässigkeit hat.
- Ursachen hierfür sind der häufige Gebrauch von Abführmitteln, Aspirin, der häufige Verzehr von Lightprodukten, die viele Emulgatoren und Eindickmittel mit Wirkung auf die Schleimhaut enthalten.
- Entzündungen der Schleimhaut durch Bakterien, Viren oder Pilze, mitgebracht als Reiseandenken aus fernen Ländern, sind manchmal der Beginn einer Nahrungsmittelallergie oder von Autoimmunerkrankungen wie Morbus Crohn oder auch Colitis ulcerosa.
- Bei Autoimmunerkrankungen finden sich oftmals Nahrungsmittelallergien oder -unverträglichkeiten.
- Begleitend zu jeder Allergiediagnostik sollte der Laktulose-Mannitol-Quotient im Urin gemessen werden. Daran lässt sich eine krankhaft erhöhte Durchlässigkeit der Darmschleimhaut eindeutig erkennen.
- Wenn man den Auslöser weglässt, dann erholt sich die Schleimhaut meist wieder, falls sie nicht schon zu stark geschädigt wurde.

Hoher und regelmäßiger Alkoholkonsum steht ebenfalls im Verdacht, die Barrierefunktion der Darmschleimhaut zu schädigen und so das Allergierisiko zu erhöhen.

Neben diesen besonders häufig angewandten Standardtests gibt es noch eine ganze Reihe paramedizinischer Verfahren. Seien Sie misstrauisch, wenn stark einschränkende und teure Therapien empfohlen werden.

lässt sich die Durchlässigkeit der Darmschleimhaut ablesen. Man bildet das Verhältnis (Quotient) aus den Mengen der Laktulose und derjenigen von Mannitol. In der Tabelle auf Seite 132 kann man anhand des Quotienten ablesen, wie unterschiedliche Darmerkrankungen die Durchlässigkeit für Laktulose verändern. Je höher der Wert, umso mehr wird aufgrund einer Barrierestörung durchgelassen – und dementsprechend steigt der Handlungsbedarf.

Die häufigsten Allergietests

Untersuchungen bei Kuhmilchallergie

- Suche nach Antikörpern (meist IgE) auf Kasein

1. b-Laktoglobulin
2. a-Laktalbumin
3. Rinderserumalbumin

Untersuchung bei Kuhmilchunverträglichkeit aufgrund eines Enzymmangels

- Laktosetoleranztest

Untersuchungen bei Zöliakie

(= Glutenenteropathie = einheimische Sprue)

- Suche nach Antikörpern gegen

1. Gliadin
2. Endomysium
3. Retikulin

Untersuchungen bei Verdacht auf Pseudoallergie

- Histaminspiegelmessung im Serum
- Methylhistaminmessung im Urin
- LTC 4-Test bei Aspirinunverträglichkeit

Untersuchung bei Verdacht auf Aspirinunverträglichkeit

- LTC 4-Test

Untersuchungen bei Verdacht auf Unverträglichkeit von Lebensmittelzusatzstoffen

- Mediatorrelease
- LTC 4-Release

Untersuchung bei Verdacht auf erhöhte Darmdurchlässigkeit

- Laktulose-Mannitol-Test

Weitere Testmethoden

Ältere Diagnoseverfahren

Der Haut- und der RAST-Test

Beides sind ältere Verfahren, um IgE-Antikörper nachzuweisen, die aber heute hinsichtlich der Breite der Testpalette sowie hinsichtlich der Genauigkeit durch die neuen laborchemischen Untersuchungen übertroffen werden. Hauttests sowie der RAST-Test sind häufig fälschlich negativ, d. h., sehr oft werden mit ihnen tatsächlich vorhandene Allergien übersehen. Sie werden deshalb kaum noch angewendet.

Hauttests auf kleiner Fläche oder auch der RAST-Test werden trotz der nicht sehr hohen Zuverlässigkeit noch häufig bei Säuglingen und Kleinkindern angewendet, weil diese Verfahren nicht sehr belastend sind.

Oraler Provokationstest

Als der »Goldstandard« in der Testung auf Nahrungsmittelallergien gilt nach wie vor der orale Provokationstest. Dabei werden dem Patienten Kapseln verabreicht, die das verdächtige Nahrungsmittel oder den verdächtigen Stoff enthalten, und danach beobachtet, welche Beschwerden eintreten. Um dabei herauszufinden, welchen Einfluss die Psyche auf die Beschwerdesymptomatik hat, erhält der Patient auch im Rahmen einer Testreihe ein Scheinpräparat, also eine Kapsel, die einen neutralen Inhalt ohne Allergen hat. Er selbst bleibt darüber natürlich im Ungewissen.
Da damit gerechnet werden muss, dass die Reaktionen im Einzelfall sehr heftig verlaufen können – bis hin zu lebensbedrohlichen Erstickungsanfällen –, erfolgt die Testung in der Klinik unter ärztlicher Überwachung. Aus Sicherheitsgründen wird der Test nicht durchgeführt bei schwangeren Frauen, bei Patienten mit schwerer Herzerkrankung oder mit schwerem Asthma. Sehr häufig (50 bis 70 Prozent der Fälle) finden sich Nahrungsmittelunverträglichkeiten bei Patienten mit Neurodermitis (Hauterkrankung).

Zuvor Entzug des verdächtigen Auslösers

Voraussetzung ist, dass der Patient sieben Tage vorher auf die kritischen Substanzen verzichtet. Bei Verdacht auf eine Allergie aufgrund von Lebensmittelzusatzstoffen darf er z. B. keine Fertigprodukte essen, sondern muss alles frisch zubereiten. Je nach Art der Allergie kann die Reaktion innerhalb von Stunden einsetzen – oder auch erst nach zwei Tagen. Gelegentlich fällt der Test negativ aus, d. h., der Patient reagiert nicht. In diesem Fall sollte eine Wiederholung nach drei bis vier Wochen stattfinden.

Reaktion nur nach körperlicher Anstrengung

Manchmal ist die getestete Dosis zu niedrig, oder aber es wird übersehen, dass es sich um eine anstrengungsinduzierte Allergie handelt. Gemeint ist hiermit, dass die Beschwerden nur auftreten, wenn das Allergene enthaltende Lebensmittel zu einem Zeitpunkt aufgenommen wird, wo vorher eine körperliche Anstrengung stattgefunden hat. So hatte z. B. ein Patient eine Allergie auf Mohn, die aber nur dann zur Luftnot und juckender Nesselsucht führte, wenn er vorher Ski gefahren war und in der Pause eine mit Mohn bestreute Dampfnudel gegessen hatte. In diesem Fall muss der oralen Provokationstestung eine körperliche Belastung, z. B. auf dem Fahrradergometer, vorausgehen.

Provokationstests mit einem verdächtigen Lebensmittel sollten nie auf eigene Faust probiert werden. Im Einzelfall können sehr heftige Beschwerden auftreten, besonders nach einem vorausgegangenen Entzug des Allergens.

Naturheilkundlich – die Bioresonanzmethode

Dieses naturheilkundliche Diagnoseverfahren ist das wohl derzeit am meisten diskutierte – ob es nun Scharlatanerie sei oder tatsächlich funktioniere. Die Aussage, dass man mit diesem Verfahren gleichzeitig therapieren kann, wirft bei einem nach den Prinzipien der Schulmedizin ausgebildeten Arzt die meisten Fragen auf. Etwas Vergleichbares gibt es in der Schulmedizin nicht.

Kaum mit anderen Tests vergleichbar

In der Zwischenzeit haben Tausende von Ärzten und Heilpraktikern jahrelange Erfahrungen damit gemacht. Sie wissen sehr gut, bei welchen Erkrankungen die Methode funktioniert und bei welchen nicht. Die Tatsache, dass eine nach den üblichen schulmedizinischen Standards durchgeführte Untersuchung an der Universitätsklinik in Innsbruck keinen Wirksamkeitsbeweis erbracht hat, verwundert Ärzte, die mit der Bioresonanzmethode arbeiten, nicht. Sie wissen aufgrund eigener Erfahrungen, dass man sich in das Verfahren gründlich einarbeiten muss. Ein unerfahrener Arzt, der damit eine klinische Studie durchführt, wird nur herausfinden – so die Meinung von erfahrenen Naturheilkundeärzten –, dass es nicht funktioniert. Noch dazu wurde in der besagten Untersuchung das Ergebnis einer Allergietestung mit Hilfe der Bioresonanzmethode mit Methoden der Schulmedizin verglichen (RAST-Test, Hauttest), die aus heutiger Sicht gelegentlich auch falsche Diagnosen liefern. Das Problem lag also vermutlich darin, dass man versuchte, die Bioresonanzmethode mit einem unsicheren, schulmedizinischen Testverfahren zu vergleichen.

Erkenntnisse aus der Quantenphysik und dem uralten chinesischen Akupunkturverfahren führten zur Bioresonanztherapie, die 1977 erstmals von F. Morell vorgestellt wurde.

Die Grundlagen – elektromagnetische Felder

Es hat lange gedauert, bis Forscher nachweisen konnten, dass der menschliche Körper elektromagnetische Wellen abstrahlt. Aufgrund dieser Tatsache ist es überhaupt erst möglich, ein EKG (Elektrokardiogramm) des Herzes aufzuzeichnen. Damit stellt man die elektrischen Vorgänge dar, die am Herz im Tausendstel-Volt-Bereich (Millivolt) ablaufen. Überall dort, wo Strom und Spannung existieren, gibt es auch ein elektromagnetisches Feld.

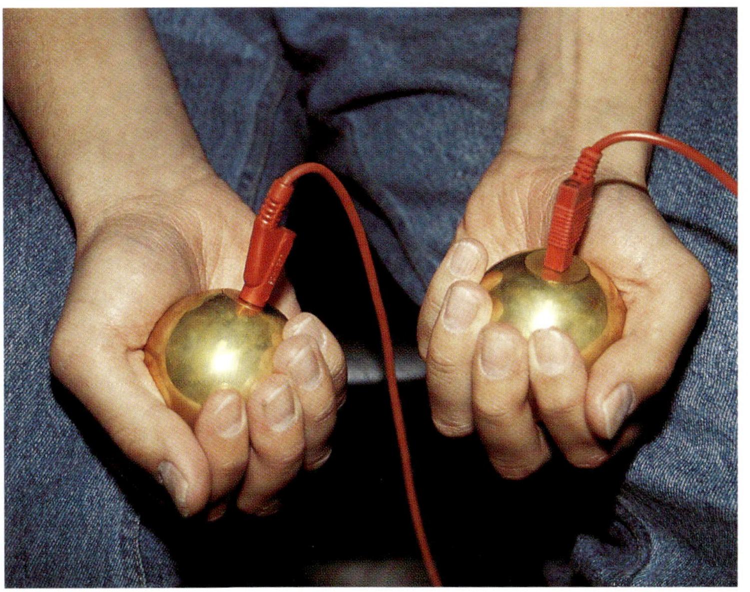

Obwohl der Schwerpunkt der Bioresonanztherapie auf der Behandlung geschwächter Schwingungen im Körper liegt, ist sie auch ein Diagnoseverfahren zur Feststellung von allergieauslösenden Stoffen. Wichtig ist hierbei, sich einem sehr erfahrenen Therapeuten anzuvertrauen.

Kommunikation der Zellen

Diesen biophysikalischen Effekt gibt es nicht nur am Herz, sondern in jeder Zelle. Verfechter der Bioresonanztherapie gehen davon aus, dass, wie es der Wissenschaftler F. A. Popp nachgewiesen hat, Zellen untereinander über die elektromagnetischen Wellen kommunizieren können. Dies ist auch innerhalb einer Zelle zwischen den vielfältigen Zellstrukturen bzw. Zellorganellen möglich.

Diese körpereigene, elektromagnetische Strahlung kann sich unter dem Einfluss eigener (z. B. Stoffwechselprodukte) oder fremder Schadstoffe (z. B. Umweltgifte) ändern. Ist der Körper nicht in der Lage, diese Störungen zu kompensieren, entwickelt er eine Krankheit.

Die Bioresonanztherapie soll bei zahlreichen Beschwerden hilfreich sein. Neben Allergien wird sie auch zur Behandlung von Herz-Kreislauf-Erkrankungen, Diabetes mellitus, Migräne, rheumatischen und Magen-Darm-Erkrankungen eingesetzt.

Darstellung der Schwingungsmuster

Man kann die elektromagnetische Strahlung mit speziellen Elektroden, die an bestimmte Reflexzonen am Körper angebracht werden, abgreifen und über Kabel in ein Therapiegerät leiten. Liegt ein krankhaftes Schwingungsmuster vor, so kann das Gerät diese Frequenz um 180 Grad umdrehen, so wie aus einem Negativfilm ein positives Bild entsteht. Diese jetzt genau spiegelbildliche Schwingung wird in den Körper über andere Elektroden zurückgeleitet, wodurch quasi die krank machende Schwingung abgeschwächt oder gelöscht wird. Dadurch wird der Körper in die Lage versetzt, seine eigenen Regenerationskräfte wieder zu aktivieren bzw. zu steigern.

Der Kaulquappenversuch

Kritiker argumentieren, dass die berichteten Erfolge von Patienten letztlich auf den Plazeboeffekt zurückzuführen seien, also allein durch die Überzeugung der Betroffenen möglich wurden. Um zu beweisen, dass dem nicht so ist, wurde ein interessanter Versuch durchgeführt: Von Kaulquappen ist bekannt, dass deren Wachstum durch Zugabe sehr hoher Dosen des Schilddrüsenhormons Thyroxin ins Wasser verlangsamt werden kann. Normale Dosen fördern umgekehrt deren Wachstum. Wenn es möglich ist, die energetische Information, die durch hohe Dosen Thyroxin vermutlich ins Wasser abgegeben wird, auf neutrales Leitungswasser ohne das Hormon zu übertragen, dann müsste dieses Leitungswasser, das kein Hormon, sondern nur dessen Information enthält, das Wachstum ebenfalls hemmen.

Die Versuchsanordnung

- Zunächst wurde in eine Flasche Wasser eine entsprechende Menge Thyroxin gegeben.
- Diese Flasche wurde in einen Metallbecher gestellt, der durch ein leitendes Kabel mit einem Verstärker, eben dem Bioresonanzgerät, verbunden war.
- Von dort aus wurde das aufgenommene Signal des Thyroxinwassers an eine Flasche mit reinem Leitungswasser weitergeleitet, die ebenfalls in einem Metallbecher stand.
- Dieses Leitungswasser enthielt also kein Thyroxinhormon, sondern nur diejenige Information, die über das Bioresonanzgerät weitergeleitet worden war.

Eine Behandlung mit der Bioresonanzmethode beginnt gewöhnlich mit einer Grundtherapie, die stabilisierend wirken soll. Eine Einzelsitzung dauert normalerweise etwa 20 Minuten.

Kontrollansatz ohne Thyroxin

Um eine Kontrolle des Verfahrens durchführen zu können, wurde der Versuch mit einer kleinen Abänderung wiederholt:
In der Ausgangsflasche war jetzt kein Thyroxinwasser, sondern nur destilliertes Wasser (Kontrollansatz) ohne Information und in der zweiten Flasche wiederum Leitungswasser. Über den Verstärker dürfte somit keine Information mangels Thyroxin im Kontrollansatz an das Leitungswasser weitergeleitet werden.

Blindstudie sichert die Objektivität

Somit hatte man am Ende des ersten Versuchsabschnitts zwei Wasserbehälter, einen mit Information und einen ohne. Würde man nach den herkömmlichen chemischen Untersuchungsverfahren beide Wasserbehälter auf das Hormon Thyroxin hin untersuchen, dann fände man nichts, da mit chemischen Methoden nur Materieteilchen, nicht aber der Energie- bzw. Informationsgehalt des Wassers im Hinblick auf Thyroxin gemessen werden kann.
Damit man ausschließen konnte, dass der Untersucher wusste, welches Wasser dasjenige mit der Information war, wurde eine unabhängige Mitarbeiterin der Universität Graz gebeten, beide vom äußeren her identischen Wasserbehälter mit Nummern zu versehen. Nur ihr war bekannt, hinter welcher Nummer sich die Testflüssigkeit mit der Information bzw. die Kontrollflüssigkeit verbarg. Danach wurden die Kaulquappen vom Untersucher in beide Wasserbehälter eingesetzt.

Wirksamkeit wurde bewiesen

Tatsächlich wuchsen in einem der beiden Wasserbehälter die Kaulquappen deutlich langsamer, obwohl die sonstigen Bedingungen wie Wassertemperatur, Lichteinfall und Fütterung identisch waren. Die Eröffnung des Codes durch die Mitarbeiterin der Universität ließ keinen Zweifel mehr zu. Es ist tatsächlich möglich, dass eine Art Biosignal, das z. B. in dieser Studie von dem Hormon Thyroxin ausgesandt wurde, ans Wasser abgegeben wird. Von dort aus lässt es sich mit Hilfe eines Verstärkergeräts an das destillierte Wasser weitergeben. Durchgeführt wurden diese Versuche von Professor Endler an der Universität Graz.

Neben der Bioresonanzmethode gibt es auch die so genannte Multiresonanztherapie. Bei dieser Form wird statt mit patienteneigenen mit externen elektromagnetischen Schwingungen gearbeitet.

Umpolung gestörter Energiefrequenzen

Da der Mensch je nach Alter zwischen 55 und 85 Prozent aus Wasser besteht, ist es vorstellbar, dass sich hierin Energien und Informationen der unterschiedlichsten Art speichern lassen. Dies wurde an verschiedenen europäischen Universitäten auch tatsächlich nachgewiesen.

Auf diesem Prinzip basiert die Diagnose und Therapie mittels des Bioresonanzgeräts. Es nimmt die Energien bzw. Informationen des Patienten auf und gibt sie, wenn es sich um krankhaft veränderte Energiefrequenzen handelt, in der umgepolten Version wieder an den Menschen zurück. Durch die Umpolung kann diese Frequenz gelöscht werden, und der Körper kann sich selbst heilen.

Noch immer eine Erfahrungsmethode

Ärzte oder andere Therapeuten, die gelernt haben, mit der Bioresonanzmethode umzugehen, wissen, dass es sich nicht um ein Allheilmittel handelt. Wie in der Schulmedizin oder der Akupunktur gibt es auch hier Bereiche, wo sie nicht wirkt, und wiederum Bereiche, wo man gute bis sehr gute Erfolge erzielen kann. Die Methode wird vor allem bei Allergien der unterschiedlichsten Art eingesetzt, so auch bei Lebensmittelallergien und weiteren Erkrankungen bzw. Belastungen des Immunsystems wie z. B. Autoaggressionserkrankungen, Immunschwächen, MCS (multiple chemical sensitivity) usw.

Je nach Erfahrung des behandelnden Arztes können so, laut deren Angaben, ca. 80 Prozent der Patienten beschwerdefrei werden. Es bleiben einige Fälle, die nicht diagnostizierbar sind oder die Rückfälle erleiden bzw. gar nicht reagieren.

Kurzgefasst – Sonderformen diagnostischer Methoden

Oraler Provokationstest

- Der Test wird in der Klinik unter ärztlicher Aufsicht durchgeführt.
- Sieben Tage lang muss der Patient auf das verdächtige Lebensmittel verzichten.
- Der allergieauslösende Stoff wird in einer Kapsel verabreicht. Beschwerden können je nach Allergie erst zwei Stunden bis zwei Tage später auftreten.
- Luftnot und juckende Nesselsucht weisen auf eine Typ-I-Allergie hin, Hautekzeme hingegen sind eher typisch für Typ-III- oder Typ-IV-Allergien.

Bioresonanzmethode

- Diese Methode basiert auf der Quantenphysik, wonach Materie, also auch unser Körper, eine Form der Energie darstellt.
- Dort, wo Energien fließen, gibt es auch elektromagnetische Schwingungen, die Informationen enthalten und weitergeben.
- Die elektromagnetischen Schwingungen in einem Körper verändern sich, wenn der Organismus krank oder dessen Funktion gestört ist.
- Mit Hilfe eines Testgeräts kann man den energetischen Zustand des Körpers oder von Organstrukturen für diagnostische Zwecke testen und über ein Bioresonanzgerät diese körpereigenen Energieschwingungen therapeutisch nutzen.
- Krankhaft veränderte Schwingungen werden ins Gegenteil umgepolt und in den Körper zurückgeschickt, wodurch sie abgeschwächt oder gänzlich eliminiert werden.
- Die Bioresonanzmethode bietet so die Chance, eine Erkrankung zu diagnostizieren und zu therapieren.
- Nach wie vor steht die Schulmedizin diesem Verfahren ablehnend gegenüber. Die Methode erfordert eine umfassende Ausbildung und viel Erfahrung.

Wer einen Versuch mit der Bioresonanztherapie wagen will, sollte sich einen mit der Methode erfahrenen Therapeuten suchen. Das Verfahren ist zwar umstritten, schädliche Auswirkungen sind aber nicht bekannt.

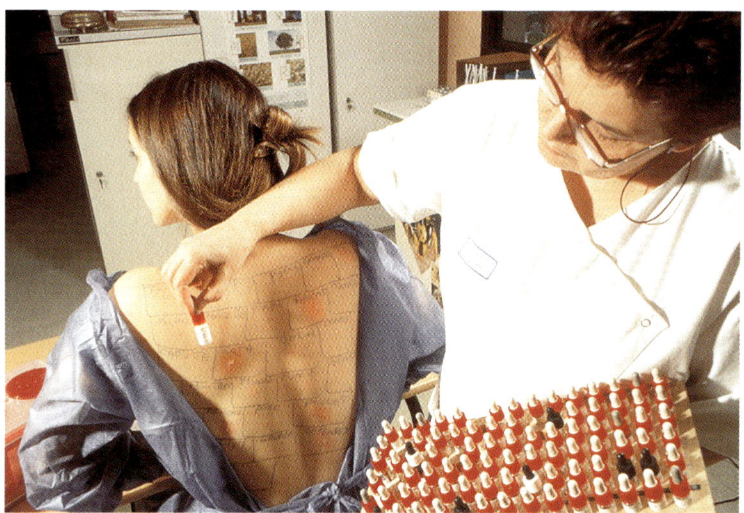

Auch die klassischen Hauttests gehören mittlerweile zu den veralteten Verfahren. Wichtig zur Feststellung eines Allergieauslösers ist immer aktive Mitarbeit des Patienten, damit er dem Allergologen so viele Hinweise zur Ursachenforschung wie möglich liefern kann.

Umstrittene Methoden zum Allergienachweis

Der IgG-Nahrungsmittelantikörpertest

Lassen Sie sich von Ihrem behandelnden Arzt genau erklären, welche Tests er zur Abklärung der Diagnose einsetzen möchte.

Es gibt medizinische Labors, die das Blut des Patienten auf Nahrungsmittelantikörper der Klasse IgG untersuchen. Nach neuestem Stand der Wissenschaft ist der Nachweis von Antikörpern der Klasse IgG, die mit bestimmten Nahrungsmitteln reagieren, eher ein deutlicher Hinweis auf eine erhöhte Durchlässigkeit der Darmschleimhaut als auf eine klassische Allergie. Nach wie vor ist medizinisch nicht zweifelsfrei geklärt, ob IgG-Antikörper überhaupt allergische Reaktionen auslösen können oder nicht.

Am ehesten lässt sich damit der Allergietyp III nachweisen, der Immunkomplexe bildet, die in Gefäßwänden oder unter der Haut abgelagert werden, wo sie eine lokal begrenzte Entzündungsreaktion hervorrufen. Typische Beschwerden sind hier:

- Gelenkentzündung (Arthritis)
- Gefäßentzündung (Vaskulitis)
- Nierenentzündung (Nephritis)

Untersuchungsprobe war ein Reinfall

Zum Nachweis anderer Allergieformen wie Typ I, II oder IV ist dieses Testverfahren nicht geeignet. Experten lehnen diesen Test zur Ermittlung einer Nahrungsmittelallergie als völlig unsinnig ab.

Um dies zu beweisen, wurden Serumproben von einer Person, aufgeteilt auf zwei Proben, an ein einschlägiges Labor geschickt. Die Testperson hatte weder Beschwerden noch eine mit schulmedizinischen Testmethoden nachweisbare Allergie. Trotz zweier völlig gleicher Serumproben wurden für jede einzelne unterschiedliche Nahrungsmittelallergien festgestellt, womit sich dieser Test als absolut nutzlos und unsinnig erwies und daher nicht zur diagnostoischen Abklärung einer Lebensmittelunverträglichkeit empfohlen werden kann.

Vorsicht vor selbst ernannten Heilkundigen mit zweifelhaften Methoden! Bevor man sich in solche Hände begibt, sollte man sich fragen, ob wirklich alle anerkannten Verfahren zur Aufdeckung einer Unverträglichkeit ausgeschöpft wurden.

Applied Kinesiology (AK)

Bei dieser aus den USA kommenden Diagnosehilfe handelt es sich um eine Methode, mit welcher der Untersucher per Hand testet, ob ein bestimmter Muskel schwach, normal oder stark auf Gegendruck reagiert. Dies wird mit und ohne Testsubstanzen, die der Patient auf die Zunge legt oder an denen er riecht, untersucht.

Diese Methode ist unter Wissenschaftlern und Ärzten umstritten, zumal sie viele Nachahmer gefunden hat, die keine genauen Kenntnisse dieser sehr ausbildungsintensiven Diagnoseart haben. Die Anhänger der Applied Kinesiology wollen deshalb eine Trennung von allen übrigen Systemen durchsetzen, die den Begriff »Kinesiology« in ihre Methodenbezeichnung übernommen haben.

Von der Schulmedizin verworfen

Da für die Anwendung und Interpretation der Applied Kinesiology genaueste Kenntnisse über die Muskulatur sowie über biochemische Vorgänge im Körper nötig sind, sollte man diese Diagnoseart nur von einem erfahrenen Arzt mit nachweislich fundierter Ausbildung durchführen lassen.

Im Zweifelsfall sollte man nicht zögern, den Allergieverdacht zusätzlich von einem anerkannten Labor nach den derzeitigen laborchemischen Standardmethoden untersuchen zu lassen. Die Applied Kinesiology, auch als AK abgekürzt, ist ein von der Schulmedizin abgelehntes Verfahren zur Allergietestung.

Vorbeugung und Therapie

Was man tun kann

21 wichtige Tipps zur Vermeidung von Allergien

Wer schon unter einer Allergie leidet, muss besonders darauf bedacht sein, Stoffe bzw. Kontakte zu meiden, von denen bekannt ist, dass sie ebenfalls einen starken Allergenreiz für unser Immunsystem darstellen. Dies gilt im gleichen Maß für Personen, die noch gesund sind, aber vermutlich eine Allergiebereitschaft haben. Dies ist erkennbar an bereits an Allergien erkrankten Familienmitgliedern, seien es Eltern, Großeltern oder Geschwister.
Vorbeugen gilt immer noch als die beste Therapie. Es ist zwar in unserer heutigen Zeit schwierig geworden, bestimmte Schadstoffe zu meiden, aber nach wie vor gibt es genug Möglichkeiten, einen eigenen entscheidenden Beitrag dafür zu leisten. Beispiel für eine vermeidbare Schadstoffquelle: die Zigarette.

Ein geliebtes Haustier weggeben zu müssen, kommt oft einem kleinen Drama gleich. Wenn ein Familienmitglied bereits irgendeine Allergie hat, sollte man dem Wunsch nach einem pelzigen oder gefiederten Hausgenossen auf keinen Fall nachgeben.

Keine Haustiere halten

Für Kinder sind Haustiere mit langem, weichem Fell, die man gern streichelt, etwas besonders Schönes. Verständlich, dass deshalb der enge Kontakt gesucht wird, der aber in manchen Fällen das Immunsystem zum Rebellieren bringt. Tierhaare sind häufige Allergieauslöser, ebenso können es aber auch Speichel und Urin sein, die allergene Bestandteile enthalten. Gewisse Mengen davon bleiben lange in Teppichen und Polstermöbeln hängen, selbst wenn die Tiere nicht mehr da sind. Grundsätzlich gilt für Allergiker, dass sie keine Haustiere mit Fell halten sollten. Die höchste Allergierate wird von Katzen verursacht, von Hunden bei weitem weniger.

Praktischer Rat

- Wer trotzdem nicht auf ein Haustier verzichten will, der sollte dafür Sorge tragen, dass keine Teppiche oder stoffbezogenen Polstermöbel sowie Vorhänge im Haus sind.

- Holzböden und Ledersofas sind hier eher zu empfehlen, wenn darauf geachtet wird, dass sie nicht mit schädlichen Holz- oder Lederschutzmitteln behandelt wurden (achten Sie auf das RAL-Zeichen).
- Haustiere darf man nicht mit ins Bett nehmen, da die Haare gern in Textilien hängen bleiben.
- Wer eine Pollenallergie hat, sollte auch auf langhaarige Haustiere verzichten, da die Pollen am Fell hängen bleiben und dann in der Wohnung verteilt werden, so dass sie Niesanfälle auslösen, auch wenn der Allergiker den Hund nicht selbst ausgeführt hat.

Teppichböden kann man zwar mit milbentötenden Mitteln sanieren, aber das Verfahren ist arbeitsaufwändig und teuer. Auch hält die Wirkung nur für relativ kurze Zeit an.

Auf Teppichböden verzichten

Es gibt keinen Teppichboden, der nicht nach einiger Zeit von Milben bevölkert wird. Hausstaub enthält deshalb immer eine gewisse Menge an Milbenkot, der eine stark allergisierende Wirkung hat. Der Verzicht auf Teppichböden ist deshalb anzuraten. Kleine Teppiche sind eine Alternative, da man sie leichter reinigen kann. Gerade kleine Kinder krabbeln gern auf der weichen Unterlage und atmen dadurch besonders viel Milbenstaub ein.
Um Mottenbefall zu vermeiden oder um Farben zu imprägnieren, werden Teppiche und Stoffe von Polstermöbeln gern mit entsprechenden Mitteln behandelt, die noch etliche Jahre nach Kauf der Möbel in die Umgebung abdunsten und die Luft belasten. Formaldehyd, Isozyanate und Lindan sind nach wie vor häufig eingesetzte Schadstoffe.

Praktischer Rat

- Achten Sie beim Kauf von Einrichtungsgegenständen darauf, dass entsprechende Hinweise auf eine schadstoffarme Behandlung an Teppichen und Möbeln angebracht sind.
- Ideal ist es, entsprechend behandelte Holzböden, Keramik- oder Marmorböden im ganzen Haus zu haben. Man kann sie sehr gut sauber halten. Milben können dort nicht existieren.

Feuchte Wohnungen meiden

Schimmelpilze sind nicht nur in und auf Lebensmitteln, sondern auch in der Atemluft vorhanden. Sie brauchen zum Wachstum Feuchtigkeit, die vor allem in schlecht gelüfteten Räumen vorhanden ist. Häuser, die nur im Schatten stehen, wo kein Sonnenlicht die Mauern aufwärmen kann, sind besonders oft von Schimmelpilzen befallen. Auch Topfpflanzen, Mülleimer, Klimaanlagen und Luftbefeuchter sind Orte, wo sich Schimmelpilze gern ansiedeln. Sie gehören mit zu den Verursachern von Allergien, insbesondere im Bereich der Augen und Atemwegsschleimhäute.

Ein neues Paradies für Schimmelpilze hat sich mit der Mülltrennung ergeben. Abfälle für die Biotonne sollte man täglich entsorgen und keinesfalls im Haus lagern. Bei einer Allergie gegen Schimmelpilze muss man sich auch vom Komposthaufen im Garten fernhalten.

Praktischer Rat

- Wenn Sie Schimmelpilze an den Wänden Ihrer Wohnung haben, dann sprechen Sie mit Ihrem Maler darüber. Es gibt heute Mittel, um den Schimmel zu entfernen. Oftmals handelt es sich um Außenwände. Lassen Sie sich beraten, welche Möglichkeiten es in Ihrem Fall gibt, erneuten Schimmelbefall zu vermeiden.
- Stellen Sie keine großen Schränke an den Außenwänden auf. Wenn es sich nicht vermeiden lässt, sollte zur besseren Belüftung der Wandfläche dahinter mindestens fünf Zentimeter Abstand frei bleiben.

Die Wohnung gut lüften

Die Luft im Freien ist besser als die Luft in der Wohnung. Hausstaub und Schimmelpilze mischen sich mit Schadstoffen, die aus Möbeln und Teppichen oft noch jahrelang abdunsten. Am schlimmsten sind solche Wohnungen belastet, die komplett mit Teppichböden ausgelegt sind und in denen viele Staubfänger herumstehen, wie z. B. offene Regale. Da man nicht täglich staubwischt, lagert sich der Hausstaub ab und wird beim Herumlaufen in der Wohnung ständig aufgewirbelt, so dass man ihn vermehrt einatmet. Das gilt übrigens auch für Büroräume.

Praktischer Rat

- Durch Kochen, Baden, Duschen oder das Aufhängen nasser Wäsche erhöht sich die Luftfeuchtigkeit in der Wohnung, was die Bildung von Schimmelpilzen begünstigt. Lüften Sie die Räume (besonders auch das Schlafzimmer) kurz, aber gründlich durch weit geöffnete Fenster.
- Wer neue Möbel oder Teppiche gekauft hat, sollte unbedingt viel lüften, damit die Schadstoffbelastung möglichst gering ist. Dies gilt auch dann, wenn man eine besonders sorgfältig behandelte Wohnungseinrichtung gekauft hat.
- Je mehr die Räume geheizt sind, umso öfter muss man in den ersten drei bis sechs Monaten lüften.

Vorsicht mit Arzneimitteln

Es gibt viele Arzneimittel, die den Abbau von Histamin im Darm hemmen können, was zu Beschwerden führt, wenn gleichzeitig histaminhaltige Lebensmittel verzehrt werden. Mittel, um den Blutdruck zu senken, gehören ebenso in die Liste wie Antibiotika (siehe Seite 39). Oft wird übersehen, dass Vitamin C in hohen Mengen auch als Arzneimittel gilt und die oben beschriebenen Nebenwirkungen haben kann.

Arzneimittel dürfen nicht unkritisch eingenommen werden. Das gilt auch für Substanzen wie Vitamin C, das in hohen Dosen zum Arzneimittel wird. Eine Histaminose kann die Folge sein.

Praktischer Rat

Als Pulver wird Vitamin C bzw. Askorbinsäure gern gekauft und in der kalten Jahreszeit ein halber Teelöffel eingenommen. Das sind mehrere Gramm Vitamin C. Der Tagesbedarf liegt aber aber bei nur 75 tausendstel Gramm. Mehr als das Dreifache davon sollte man nicht unkontrolliert einnehmen. Es handelt sich hier um unnatürlich hohe Dosierungen, die größtenteils über die Nieren ausgeschieden werden. Bei hohen Dosen kristallisiert ein Teil davon aus, so dass diese Kristalle im Urin über Stunden hinweg die Blasenschleimhaut reizen können.

Aspirin mit Zurückhaltung einnehmen

Das weltweit am weitesten verbreitete Arzneimittel ist Aspirin. Gerade feierte diese Droge ihren 100-jährigen Geburtstag. Viele schwören auf die schmerzstillende und fiebersenkende Wirkung. Die Verträglichkeit ist in der Regel gut. Wenn man etwas schon so lange kennt, dann bekommt man ein falsches Gefühl der Sicherheit. Vor Arzneimitteln sollten Sie immer großen Respekt haben und sie nur dann einsetzen, wenn Sie sie dringend brauchen, also nicht für Bagatellbeschwerden.

Aspirin wird heute in niedrigen Dosen gern eingenommen, um einem Herzinfarkt vorzubeugen. Jeder neunte Amerikaner nimmt es täglich. Aber selbst in niedrigen Dosierungen von täglich 50 bis 100 Milligramm können Schleimhautreizungen im Magen und Dünndarm auftreten, gelegentlich sogar Blutungen. Die Allergiegefahr steigt!

Praktischer Rat

Es gibt in der Zwischenzeit viele Möglichkeiten, um einem Herzinfarkt auch ohne Medikamente vorzubeugen. Eine fettarme, vorwiegend vegetarische Ernährung, verbunden mit einem Bewegungs- und Entspannungsprogramm, vermag sogar die Gefäßverkalkung zurückzubilden. Das ist bisher mit keinem Arzneimittel vergleichbar gelungen. Es kommt also im Wesentlichen auf die eigene Disziplin an, ob sich ein Herzinfarkt vermeiden lässt. Dabei sollte man daran denken, dass man zwar durch ein Medikament ein Risiko des Herzinfarkts senken kann, sich aber dafür möglicherweise eine Lebensmittelallergie einhandelt. Diese kann in Einzelfällen mindestens ebenso lebensbedrohlich verlaufen.

Eine fettarme, vitamin- und mineralstoffreiche Nahrung ist für unsere Abwehrzellen am günstigsten. Für die gesunde Verdauung ist außerdem die ausreichende Zufuhr von Flüssigkeit sehr wichtig.

Weizenkleie pur ist ungesund

Junge Frauen nehmen gern Weizenkleie vor dem Essen, damit sie den Magen und Darm mit Ballaststoffen füllen, um danach weniger Hunger zu haben. Sie machen dies im Bewusstsein, ihrem Darm etwas Gutes zu tun – weil Weizenkleie ja natürliche Ballaststoffe sind. Das stimmt nur so lange, wie die Weizenkleie dort belassen wird, wo sie hingehört, nämlich um das Weizenkorn herum. In dieser natürlichen Form in Vollkornbroten kann sie ihre verdauungsfördernde Wirkung bestens entfalten. In der denaturierten, also unnatürlichen Form wirkt Weizenkleie wie Schmirgelpapier auf unsere zarte Darmschleimhaut. Die Durchlässigkeit wird erhöht. Damit geht eine Risikoerhöhung für Lebensmittelallergien einher.

Nicht nur die sorgfältige Auswahl der Zutaten, sondern auch deren schonende Zubereitung ist sehr wichtig für eine vernünftige Ernährung, die eine nicht zu unterschätzende Rolle für die Gesundheit spielt.

Praktischer Rat

Nehmen Sie Ballaststoffe nur in natürlicher Form zu sich. Dafür eignet sich Vollkornbrot und auch alle anderen Vollkornprodukte. Wer Kalorien einsparen möchte, sollte rohe Möhren und Kohlrabi knabbern und große Portionen von gedünstetem Gemüse essen.

Finger weg von Abführmitteln

Es ist egal, ob Sie natürliche oder künstliche Abführmittel einnehmen. Sie sollten sich auf jeden Fall darüber im Klaren sein, dass Sie Ihre Darmschleimhaut damit schädigen. Die Durchlässigkeit steigt – und damit das Risiko, eine Lebensmittelallergie zu bekommen.

Rohkost bringt zwar einen trägen Darm in Schwung, hat aber leider ein höheres Allergierisiko als gekochtes Gemüse. Dies sollten Allergiker beachten und deshalb die Sorten täglich wechseln.

Rheumapatienten übersehen diese Gefahr oft. Für sie gilt im besonderen Maß, auf andere Wege der Darmregulierung zurückzugreifen, da viele rheumatische Beschwerden, vor allem in Gelenken, durch Ablagerung von allergischen Immunkomplexen ausgelöst werden.

Praktischer Rat

- Wer unter rheumatischen Beschwerden oder Allergien leidet, sollte auf keinen Fall Abführmittel einnehmen.
- Sehr empfehlenswert ist es, vor dem Hauptgericht rohes Gemüse der Saison zu essen, ob mit einer Joghurtsauce oder als Rohkostsalat, z. B. als Weißkrautsalat, angemacht. Wenn Sie sich täglich daran halten, dann haben Sie immer eine gut funktionierende Verdauung.
- Achten Sie auch darauf, ausreichend Flüssigkeit in Form von Mineralwässern, Obstsäften und Kräutertees zu sich zu nehmen.

Darmpilze behandeln

Einer US-amerikanischen Untersuchung zufolge haben die Infektionen des Darms mit dem Candidapilz in den letzten zehn Jahren um fast das Dreifache zugenommen. Die häufigsten Ursachen dafür sind Schwächen im Immunsystem und zu viele Süßigkeiten. Bei etwa 20 Prozent der Bevölkerung findet man vermehrt Candidapilze im Darm, ohne dass diese deshalb Beschwerden verursachen.

Bei Frauen zeigt sich oft auch noch zusätzlich ein Pilzbefall der Vagina. Candidainfektionen sind deshalb dringend behandlungsbedürftig, weil sie als Auslöser für viele andere Erkrankungen gelten. So können sie immunologische Erkrankungen initiieren wie z. B. juckende Hautausschläge oder die so genannte atopische Dermatitis. Auch ein Schuppenflechtenschub kann durch die Pilzinfektion entfacht werden. Candidainfektionen stören die Darmbarriere und können so Lebensmittelallergien starten.

Ein gewisses Maß an Darmpilzen ist völlig normal. Sollten Sie allerdings nach dem Verzehr von Süßspeisen oder hefehaltigen Lebensmitteln starke Blähungen bekommen, liegt eventuell ein krankhafter Pilzbefall vor.

Praktischer Rat

Typische Symptome einer Pilzbesiedlung im Darm sind:

- Wechsel von Verstopfung und Durchfall (kann auch Hinweis auf eine bösartige Erkrankung des Darms sein)
- Starke Blähungen bis hin zu Herzbeschwerden
- Juckreiz am Darmausgang (kann allerdings auch bei Hämorrhoidalleiden auftreten)
- Heißhungerattacken (hier sollte man die Funktionsfähigkeit der Bauchspeicheldrüse auf Zuckerbelastung testen lassen)

Ein Nachweis von Candidapilzen im Darm muss allerdings noch keinen Krankheitswert haben. Sind aber Beschwerden vorhanden, wie z. B. schon eine Lebensmittelallergie oder andere Störungen des Immunsystems, dann sollte man unbedingt den Pilzbefall behandeln lassen und auf Vollwertkost ohne Zucker umsteigen.

Garen senkt die Allergenstärke

Dieser Ratschlag gilt vor allem für Gemüse und Fleisch. Durch Braten wird die allergisierende Wirkung abgeschwächt. Sellerie ist eine wichtige Ausnahme. Er hat ein hohes Allergisierungsrisiko, das auch noch im gekochten Zustand vorhanden ist. Bei Milch verändert Kochen die Allergenstärke nur zum Teil. Das gilt auch für Eier, Fisch und Gewürze. Deshalb gehören diese Lebensmittel mit zu den häufigsten Auslösern von Allergien.

Praktischer Rat

- Wer zu Allergien neigt, sollte daher ganz auf Sellerie verzichten und Gemüse vorzugsweise im gekochten Zustand und nur einen kleinen Anteil roh verzehren.
- Früchte lassen sich sehr gut auch gekocht, z. B. als Kompott, zubereiten. Am besten gleich danach verzehren, sonst sinkt der Vitamingehalt.
- Es empfiehlt sich darüber hinaus, das Frühstücksmüsli nicht roh, sondern als gekochten Brei zu genießen.

Nüsse meiden

Wichtige Bestandteile einer Vollwerternährung sind Nüsse, die allerdings stark allergen wirken. Sie gehören deshalb nicht in eine allergenarme Ernährung. Das in den Nüssen enthaltene Vitamin E ist hitzeempfindlich. Wegen des hohen Anteils an ungesättigten Fettsäuren ist jedoch der Verbrauch dieses Schutzvitamins durch die Nuss hoch: Es bewahrt sie vor dem Ranzigwerden.

Auch Schokolade, die nicht ausdrücklich als Nussschokolade bezeichnet ist, enthält oft einen erheblichen Anteil gemahlener Hasel- oder Erdnüsse. Dies muss allerdings auf der Liste der Inhaltsstoffe angegeben sein.

Praktischer Rat

- Nüsse sollten nicht über längere Zeit erhitzt werden, wie dies beim Backen von Nusskuchen oder Walnussbrot der Fall ist. Backen Sie Nüsse daher nicht im Teig mit.
- Zahlreiche Süßigkeiten, Backwaren und Fertigprodukte enthalten Nüsse. Dazu gehören z. B. Produkte mit Marzipan oder Nougat und viele fertige Müslimischungen.

Für ausreichend Eiweiß sorgen

Obwohl die Eiweißanteile in unserer Nahrung meist die Verursacher von allergischen Reaktionen sind, brauchen wir eine gewisse Menge davon pro Tag, damit unser Stoffwechsel und das Immunsystem funktionieren können.

Sojabohnen haben viel Eiweiß; allerdings kann der menschliche Organismus dieses Eiweiß nur ca. zur Hälfte aufnehmen, so dass eine ausreichende Eiweißzufuhr mit rein pflanzlicher Ernährung deutlich schwieriger ist. Hinzu kommt, dass die Wertigkeit bzw. Qualität der Eiweißzusammensetzung bei Pflanzen schlechter ist als bei Fleisch. Das hängt damit zusammen, dass entwicklungsgeschichtlich das Tier dem Menschen näher steht als die Pflanze. Ab dem 40. Lebensjahr lässt die Produktion von Verdauungssäften nach, so dass die Eiweißverdauung schlechter wird. Ältere Menschen haben oft einen Eiweißmangel, obwohl sie ausreichend Eiweiß verzehren – sie nehmen nur noch einen Teil davon auf und scheiden den Rest aus. Der Körper deckt dann seinen Eiweißbedarf mit den Aminosäuren, die er sich aus der Muskulatur holt. Die Muskelmasse des älter werdenden Menschen sinkt deshalb nicht nur mangels Bewegung, sondern auch mangels ausreichender Eiweißaufnahme ab. Die Immunabwehr bekommt nicht genügend Baumaterial für eine ausreichende Antikörperproduktion.

Der Eiweißtagesbedarf

Der Mensch braucht pro Tag ca. 0,7 bis 1,0 Gramm Eiweiß pro Kilogramm Körpergewicht. Ein 70 Kilogramm schwerer Mann sollte also 49 bis 70 Gramm Eiweiß täglich essen, eine Frau mit 50 Kilogramm 35 bis 50 Gramm.

Lebensmittel	Eiweißgehalt
• 1 Ei	10 g
• 50 g Gouda	13 g
• 150 g Joghurt	6 g
• 200 g Putensteak	50 g
• 100 g Sojabohnen	24 g

Praktischer Rat

- Sorgen Sie für ausreichend Eiweiß in der Ernährung, und unterstützen Sie mit zunehmendem Alter die Eiweißverdauung.
- Dies kann man bereits erreichen, indem man seinen Eiweißbedarf zum Frühstück und Mittagessen deckt, nämlich dann, wenn die Eiweißverdauung am besten funktioniert.
- Ab und zu empfiehlt es sich auch, den Saft einer frisch gepressten Zitrone nach dem Essen zu trinken.

Abwaschen lassen sich vor allem die Schadstoffe Blei und Dioxine. Kadmium und manche Pestizide dringen aber durch die Wurzeln in das Innere von Gemüse und Obst ein.

Gemüse und Obst gut waschen

Mit präziser werdenden Nachweismethoden für Pestizidrückstände werden immer öfter Reste davon auf unserem Obst und Gemüse gefunden. Fließendes Wasser allein genügt nicht, um alles zu entfernen. Reiben Sie es mit einem Lappen, so gut es geht, ab, und schneiden Sie die Vertiefungen, wo Sie nicht hinkommen, weg, beim Apfel am Stiel und unten, bei der Paprika die Vertiefung um den Stängel. Pestizide und ähnliche Rückstände belasten unser Immunsystem, so dass die Allergieneigung bei bestimmten Personen ansteigt.

Praktischer Rat

Man sollte nie ungewaschenes Obst und Gemüse essen. Das gilt auch für Bioprodukte, da Sie ja nicht wissen können, wie nahe die Biofelder neben den herkömmlichen, mit Pestiziden bearbeiteten Feldern liegen.

Auf Obst aus fernen Ländern verzichten

Wer meint, er könne auf den Genuss von Erdbeeren im Winter nicht verzichten, muss sich darüber im Klaren sein, dass er dadurch seinem Körper mehr schadet als nützt. Obst und Gemüse, das weit herantransportiert wird, kann den langen Weg oft nur mit Hilfe von Spezialbehandlungen überstehen. So werden die Erdbeeren manchmal radioaktiv bestrahlt oder mit Antischimmelmittel und dergleichen behandelt. Je länger es dauert, bis die Früchte auf unserem Teller landen, umso weniger Vitamine haben sie.

Je weiter Obst und Gemüse herantransportiert werden müssen, umso weniger Vitamine enthalten sie und umso mehr müssen sie behandelt werden. Was dann verzehrt wird, fordert dem Körper mehr an lebensnotwendigen Nährstoffen ab, als darin enthalten sind.

Wenn sie bestrahlt wurden, sind die Vitamine ohnehin bereits zerstört. Um jedoch mit den Schadstoffen fertig zu werden, muss das Immunsystem aktiv sein, was den Bedarf an Vitaminen, Mineralstoffen und Spurenelementen erhöht. Die Vitaminbilanz ist deshalb bei diesen Produkten oft negativ.

Obst und Gemüse der Saison essen

Tomaten, Salat, Gurken und dergleichen wachsen in der kalten Jahreszeit in unseren Breitengraden nur in entsprechend geheizten Treibhäusern. Mit Kunstlicht und Düngemitteln muss zusätzlich nachgeholfen werden, damit wir auch im Winter unsere Tomaten bekommen. Vergleichsuntersuchungen von Gemüse aus Gewächshäusern und aus saisonalem Anbau zeigen, dass das Treibhausgemüse viel weniger Vitamine enthält und vor allem mehr belastendes Nitrat. Dieses verbindet sich im Magen mit Eiweiß zu Nitrosaminen, die stark Krebs erregend sind und unser Immunsystem strapazieren. Wir vergessen zu oft, dass wir auch in Deutschland winterfeste Gemüsesorten haben.

Praktischer Rat

- Knackfrisch und in nächster Nähe geerntet bekommen Sie im Winter allen voran den Grünkohl, aber auch Endiviensalat, Möhren, Weißkraut und andere Kohlsorten und vor allem Hülsenfrüchte.
- Letztere sind in der kalten Jahreszeit wertvolle Lieferanten vor allem von Spurenelementen.
- Wenn Sie Obst und Gemüse der Saison essen, dann verschaffen Sie damit dem Immunsystem eine Pause, die es braucht, um sich z. B. von einer unterschwelligen Lebensmittelallergie zu erholen. Dafür genügen oft drei bis vier Monate.

Mit Fett sparsam umgehen

Zu viel Fett im Essen, egal, ob es sich um vorwiegend gesättigte Formen wie Butter oder hoch ungesättigte wie Sonnenblumenöl handelt, blockiert unsere Immunabwehr. Nach einem fettreichen Essen werden die Fetttröpfchen von Immunabwehrzellen aufgenommen, wodurch deren Funktion gehemmt wird.

Im Tierversuch wurde beobachtet, dass sich Mäuse unter einer fettreichen Ernährung zwar prächtig entwickelten, die Immunzellen aber in ihrer Leistung abgeschwächt waren. Wurde den Tieren Trinkwasser mit Koffein, Alkohol und Nikotin verabreicht, dann sank die Funktion ihrer Immunabwehr weiter dramatisch ab. Gerade diese getestete Kombination ist in der Bevölkerung stark verbreitet.

Aufgrund dieser Ergebnisse empfahl man gesunden Testpersonen, ihren Fettverzehr zu senken, und untersuchte vorher und nachher die Abwehrleistung ihrer Immunzellen. Die so genannten natürlichen Killerzellen, die für die Vernichtung von Viren und Krebszellen verantwortlich sind, nahmen an Aktivität zu – und dies bereits, wenn der Fettkonsum um nur zehn Prozent gesenkt wurde.

Besonders die versteckten Fette in Back- und Fleischwaren und vielen Fertigprodukten treiben den Verbrauch hoch. Verfeinern Sie Gerichte lieber selbst mit einem Schuss Sahne oder einem Stück Butter, statt »Rahm«-Produkte zu verwenden.

Lesen Sie beim Einkauf von verpackten Lebensmitteln die Angaben zu den Inhaltsstoffen sorgfältig. Etwa die Hälfte der täglich verzehrten Fette stammt nicht aus so berüchtigten »Fettbomben« wie Hamburgern und Pommes frites, sondern aus Nahrungsmitteln, die man für fettarm oder sogar für fettfrei hält.

Linolen- und Linolsäuren

- Ein besonderer Bestandteil von bestimmten pflanzlichen und tierischen Fetten sind die Omega-3-Fettsäuren, auch Linolensäuren genannt. Sie finden sich vor allem in Fischöl und im Leinöl sowie im Nachtkerzen- und im Borretschöl.
- Diese Linolensäuren führen zur Bildung von besonderen Gewebehormonen (Prostaglandin PGE 3, Thromboxan TXA 3, Prostacyclin PGI 3), die entzündungshemmend wirken und die Verklumpungsneigung des Bluts senken.
- Im Gegensatz zu den Linolensäuren fördern die Linolsäuren (Omega-6-Fettsäuren), die vor allem in pfanzlichen, hoch ungesättigten Ölen enthalten sind, die Entzündung in Blutgefäßwänden und erhöhen die Gefahr der Bildung von Blutgerinnseln.
- Um hier ein Gegengewicht zu setzen, sollten deshalb immer Fischöl und Leinöl als Träger von vorzugsweise Omega-3-Fettsäuren in der Ernährung enthalten sein.

Praktischer Rat

- Patienten mit Arthrosebeschwerden (z. B. Morgensteife der Gelenke) sollten mindestens dreimal pro Woche Fisch essen und ihren Salat mit Leinöl anmachen (zwei Teelöffel pro Tag sind genug).
- Das gilt insbesondere auch für Patienten nach einem Herzinfarkt. Neueste Forschungsergebnisse weisen darauf hin, dass Gefäßverkalkungen u. a. durch eine Entzündung ausgelöst werden, die sich durch eine Schwäche im Immunsystem ausbreiten kann.

Bei einer erhöhten Durchlässigkeit der Darmschleimhaut ist gutes Kauen besonders wichtig, um den Verdauungsvorgang zu erleichtern. Unterstützend kann man nach dem Essen den Saft einer frisch gepressten Zitrone trinken, damit das Eiweiß besser vorverdaut wird.

Gut kauen beim Essen

Die Verdauung fängt schon im Mund an. Gutes Kauen und Einspeicheln der Nahrung erleichtert dem Organismus, die Lebensmittel aufzuspalten. Da mit zunehmendem Alter, etwa ab 40 Jahren, die Produktion von Verdauungssäften nachlässt, kann Eiweiß nicht mehr komplett in Aminosäuren zerlegt werden.

Wer dann auch noch eine erhöhte Durchlässigkeit der Darmschleimhaut hat, der läuft Gefahr, dass unverdaute Eiweißreste hindurchschlüpfen und in unseren Blutkreislauf gelangen. Je nach Zustand des Immunsystems werden diese Fremdgene zerstört, oder es entwickelt sich die Bereitschaft, bei erneutem Kontakt mit einer Allergie zu reagieren.

Sechs Monate lang stillen

Auch wenn die Muttermilch stärker mit Pestiziden belastet ist als die Kuhmilch, gilt immer noch: Muttermilch ist die beste Vorsorge gegen Allergien. Eine Abwehrreaktion auf Muttermilch gibt es nicht, da der kindliche Organismus das mütterliche Eiweiß als eigenes betrachtet. Trotzdem entwickeln manche Säuglinge eine Allergie gegen das Milchtrinken. Ausgelöst wird diese durch fremde Eiweißteilchen, die über den Darm der Mutter aufgenommen werden und so in den Blutkreislauf gelangen. Hierüber dringen sie in die Muttermilch ein und konfrontieren auf diese Weise den kindlichen Organismus mit fremdem Eiweiß. Dieser Vorgang ist wichtig, um das Immunsystem des Kindes mit der Umwelt bekannt zu machen. Aus diesem Grund sind Ersatznahrungen auch nicht allergenfrei, sondern »nur« allergenarm. Ein Kind, das steril aufwachsen würde, wäre nicht überlebensfähig.

Jede Mutter sollte, wenn keine medizinischen Gründe dagegen sprechen, für sechs Monate ihr Kind stillen. Damit schafft sie die beste Vorbeugung gegen Allergien.

Das Rauchen aufgeben

Jede Zigarette schadet, nicht nur einem selbst, sondern auch der Umgebung. Kinder, die rauchende Eltern haben, leiden häufiger unter Bronchitis und Allergien und haben später ein erhöhtes Risiko, eine Krebserkrankung zu entwickeln.

Praktischer Rat

- Wer es nicht schafft, das Rauchen aufzugeben, sollte zumindest nicht in der Wohnung, sondern z. B. auf dem Balkon rauchen. Statt dem Balkon bietet sich auch das weit geöffnete Fenster an – aus Rücksicht auf Ihre Familie.
- Beim Autofahren kann man sich mit Rauchpausen behelfen. Säuglinge sind in Autos, in denen geraucht wird, einer besonders hohen Schadstoffkonzentration ausgesetzt.

Das Immunsystem harmonisieren

Das Immunsystem wird durch unsere Nahrungsmittel ernährt. Die Zellen werden im Wesentlichen aus Aminosäuren und Fettsäuren (Linolensäuren) unter Hilfe des Stoffwechsels aufgebaut. Dieser kann wiederum nur optimal funktionieren, wenn ausreichend Vitamine, Mineralstoffe und Spurenelemente vorhanden sind. Hier wird deutlich, wie wichtig hochwertige Lebensmittel für die Gesundheit unseres Körpers sind. Um eine ausreichende Zufuhr zu haben, sollten wir unser Obst und Gemüse möglichst frisch kaufen und frisch zubereiten. Salat hat zwei Tage nach der Ernte nur noch die Hälfte seines Vitamin-C-Gehalts. Die Regel ist aber, dass das Gemüse mindestens zwei Tage braucht, bis es in den Regalen der Supermärkte angeboten wird. Das bedeutet, dass selbst unter der Voraussetzung, dass man den Salat frisch kauft und am gleichen Tag zubereit, man nur noch die Hälfte der Vitamine auf dem Teller hat. Die Realität sieht aber anders aus. Berufstätige können in den seltensten Fällen täglich frisch einkaufen und frisch kochen. Was dann nach einigen Tagen oft erst verarbeitet wird, enthält kaum noch nachweisbare Vitaminmengen. Gleichzeitig steigt aber unser Bedarf an diesen wertvollen Biostoffen, weil unser Immunsystem durch die Rückstandsbelastungen unserer Lebensmittel und die Umweltverschmutzung enorm strapaziert wird.

Wer aus Zeitmangel nicht mindestens fünfmal am Tag Obst und Gemüse essen kann, sollte zumindest als zweitbeste Alternative ein ausgewogenes Multivitalstoffpräparat einnehmen. Dies ist immerhin besser, als nichts in dieser Richtung zu tun.

Eine Nahrungsergänzung ist oft unausweichlich

So entsteht das Problem, dass wir uns zwar mit Nahrungsmitteln satt essen können, aber gleichzeitig die Vitaminzufuhr sinkt. Beschwerden wie Müdigkeit, erhöhte Infektanfälligkeit, Schlafstörungen oder Konzentrationsschwächen können erste Hinweise auf eine Vitaminunterversorgung sein. Spätestens jetzt sollte man darüber nachdenken, wie man die Ernährung verbessern kann.

In den meisten Fällen bleibt nur die Ergänzung mit Vitalstoffpräparaten, aber hier besteht viel Unsicherheit. Einzelne Vitamine werden hoch dosiert geschluckt, in der Hoffnung, damit einen Mangel auszugleichen. Die Erfahrung zeigt aber, dass nicht nur ein Biostoff fehlt, sondern in der Regel auch alle übrigen zu wenig zugeführt werden. Hinzu kommt, dass wir keine ausreichenden Daten über das Risiko der hoch dosierten Einnahme eines einzelnen Vitamins haben.

Praktischer Rat

Um sicher zu sein, sollte man bei Vitalstoffpräparaten bei den Mengen bleiben, die wir auch über unsere Nahrung aufnehmen könnten – und dies dreimal täglich. Wir sollten ein Vitalstoffprodukt immer während des Essens einnehmen, um unsere Nahrung mit dem anzureichern, was heute zu wenig enthalten ist. Die Sicherheit bei der Vitalstoffzufuhr bietet nur der goldene Mittelweg (z. B. in Complen® 3x11).

Die Therapie von Lebensmittelallergien

Wer herausgefunden hat, welche Lebensmittel er nicht verträgt, muss darauf verzichten. Meist genügen drei bis sechs Monate, in denen sich der Organismus wieder beruhigen kann und ein erneuter, beschwerdefreier Genuss in der Regel wieder möglich wird. Dies gilt allerdings nicht für die Glutenunverträglichkeit (Zöliakie). Hier müssen alle Nahrungsmittel, die Gluten enthalten, leider für den Rest des Lebens gemieden werden.

Nicht von einem Nahrungsmittel so viel wie möglich, sondern von allem so viel wie nötig. Denken Sie daran: Nur wenn Ihr Organismus optimal versorgt sind, kann Ihr Immunsystem die maximal mögliche Leistung bringen.

Gesund ernähren trotz Verzicht auf Allergene

Die Therapie der Lebensmittelallergien besteht also im Weglassen der Dinge, die man nicht verträgt. Zusätzlich sollte man ein erneutes Aufbrechen bzw. eine weitere Sensibilisierung des Körpers vermeiden, indem man Risikofaktoren, die das Immunsystem belasten, vermeidet und das Immunsystem durch natürliche Methoden unterstützt.
Die Behandlung einer Lebensmittelallergie besteht aus drei Schritten:

- Weglassen des auslösenden Lebensmittels
- Vermeiden von Schadstoffen bzw. Verhaltensweisen, die das Immunsystem schwächen, wie bei den Tipps zur Vorbeugung beschrieben
- Das Abwehrsystem regulieren

Die Rotationsdiät

Sie basiert auf der Beobachtung, dass die Unverträglichkeit von Lebensmitteln steigt, je öfter und je mehr davon gegessen wird. Unser Körper braucht ca. drei Tage, bis er alle Stoffwechselprodukte eines verzehrten Lebensmittels ausgeschieden hat.
Während der Zeit des Verzichts kann sich unser Immunsystem von den Lebensmitteln erholen. Die Rotationsdiät schreibt deshalb vor, verträgliche Lebensmittel nur im Abstand von vier Tagen zu essen, um die

Entwicklung einer Unverträglichkeit zu verhindern. Dies ist gelegentlich bei sensiblen Personen der Fall, die z. B. bei einer Allergie gegen Milcheiweiß täglich nur noch Schafsmilchprodukte verzehren. Mit der Zeit kann sich auch dagegen eine Allergie ausbilden. Die Rotationsregel lautet: Essen Sie, wenn Sie empfindlich sind, nur alle vier Tage das Gleiche, um zu verhindern, dass sich weitere Lebensmittelallergien entwickeln.

Schwierig kann die Nährstoffversorgung werden, wenn Unverträglichkeiten gegen viele oder sehr gebräuchliche Nahrungsmittel vorliegen. Hier muss man die Kost mit Spezialpräparaten aus Apotheke und Reformhaus ergänzen.

Risiko Mangelerscheinungen

Die Diagnostik der Allergien, Pseudoallergien und Intoleranzen auf Lebensmittel ist schwierig, so dass oft Allergien diagnostiziert werden, die gar nicht vorhanden sind, oder tatsächlich vorhandene Allergien übersehen werden. Die Folge ist, dass der Betroffene auf Rat des Therapeuten oft viele Speisen meiden muss und sich dadurch einseitig und vitaminarm ernährt. Dadurch wird das Immunsystem noch weiter gestört. Hier empfiehlt es sich, auch das Blut auf verdächtige Lebensmittel hin untersuchen zu lassen (siehe Seite 119ff.). Die Nahrungsmittel, auf die eine Sensibilisierung vorliegt, müssen dann für die nächsten drei bis sechs Monate aus der Ernährung gestrichen werden.

Eiweiß- und Vitaminzufuhr kontrollieren

Je nachdem, um welche Lebensmittel es sich handelt, sollte auf jeden Fall die Menge an täglich verzehrtem Eiweiß notiert werden, um zu vergleichen, ob der Mindesttagesbedarf damit gedeckt werden kann. Er entspricht ca. 0,7 bis 1,0 Gramm Eiweiß pro Kilogramm Körpergewicht. Tierisches Eiweiß wird bis zu 90 Prozent aufgenommen, bei pflanzlichem nur etwa die Hälfte. Dies muss bei der Ernährungsbilanz berücksichtigt werden.

- Eine Ergänzung mit praktisch allergenfreien kurzkettigen Proteinen (in Pulverform als »KK-Proteine«® in der Apotheke erhältlich) ist in vielen Fällen anzuraten, damit der Körper unter der Diät nicht Muskulatur abbauen muss, um seinen Eiweißbedarf zu decken.
- Zur Ergänzung der fehlenden Vitamine und Mineralstoffe empfiehlt sich ein ausgewogenes Vitalstoffprodukt, das die wesentlichen Biostoffe in nutritiven Mengen enthält. Die Einnahme soll dreimal täglich erfolgen, damit der Körper die Biostoffe so erhält, wie er es gewohnt ist: immer zu den Mahlzeiten.

Bei Histaminose – biogene Amine meiden

Bei Histaminosen, die durch Verzehr von Lebensmitteln mit biogenen Aminen wie z. B. Histamin entstehen, sollten die unten aufgelisteten Nahrungsmittel gemieden werden.

Histaminhaltig

- Fisch (besonders Thunfisch)
- Hefeextrakt
- Käse (besonders Emmentaler)
- Sauerkraut
- Spinat
- Tomaten
- Wein
- Wurst

Tyraminhaltig

- Avocados
- Bananen
- Bier
- Chiantiwein
- Fisch
- Hefeextrakt
- Himbeeren
- Käse
- Orangen
- Sauerkraut
- Wurst

Serotoninhaltig

- Ananas
- Bananen
- Pflaumen
- Tomaten
- Walnüsse

Essen hat bei Kindern einen hohen Stellenwert, und Diätexperimenten sind sie meist abgeneigt. Auch wenn das Kochen Mühe macht – die allergenarmen Alternativen müssen vor allem schmecken.

Kinder werden leicht zu Außenseitern

Eliminationsdiäten sollen den Patienten nicht mehr belasten, als es die Allergie bzw. Intoleranz bereits schon tut. Extreme Diäten führen nicht nur zu einer Einschränkung der Lebensqualität, sondern können vor allem bei Kindern und Jugendlichen zu einer sozialen Isolation führen. Deshalb ist die genaue Diagnosefindung wichtig, um die Vielfalt und Ausgewogenheit der Ernährung zu erhalten: Einerseits sollen die allergieauslösenden Lebensmittel gemieden werden, andererseits muss man dafür sorgen, dass das Immunsystem durch ausreichende Zufuhr von Vitaminen und weiteren Biostoffen harmonisiert wird.

Allergenarme Kost muss nicht eintönig sein. Viele Volkshochschulen und Ernährungsinstitute bieten Kochkurse an, bei denen man auch andere Betroffene kennen lernt und Erfahrungen austauschen kann.

Die Ernährung bei Verdacht auf Pseudoallergien

Bei Verdacht auf eine Pseudoallergie empfiehlt sich Beschränkung auf die folgenden Nahrungsmittel. Bis zur genauen Abklärung der Beschwerden sollte gänzlich auf Obst und Süßigkeiten mit Ausnahme von etwas Honig als Brotaufstrich verzichtet werden.

Grundnahrungsmittel

- Brot und Brötchen ohne Konservierungsmittel
- Grieß
- Hartweizennudeln (ohne Ei)
- Hirse
- Kartoffeln
- Reis
- Reiswaffeln (nur aus Reis und Salz)

Gewürze

- Salz
- Schnittlauch
- Zucker
- Zwiebeln

Fette

- Butter
- Kaltgepresste Pflanzenöle

Gemüse

Alle Gemüsesorten – außer den verbotenen –, d. h.:

- Blattsalat (sehr gut waschen)
- Brokkoli
- Chinakohl
- Möhren
- Rosenkohl
- Spargel
- Weißkohl
- Zucchini

Milchprodukte

- Frische Sahne
- Frischkäse (ungewürzt)
- Frischmilch
- Junger Gouda (in kleinen Portionen)
- Naturjoghurt
- Quark

Tierische Nahrungsmittel

- Frisches Fleisch
- Frisches Gehacktes (ungewürzt)

Getränke

- Milch
- Mineralwasser
- Kaffee
- Schwarzer Tee

Natürliche Methoden zur Harmonisierung des Immunsystems

Frische Luft

Ohne Sauerstoff kann der Mensch nicht leben. Atmen ist für uns ein automatischer Vorgang, den wir kaum registrieren. Neben Sauerstoff, Stickstoff und Kohlendioxid atmen wir aber noch viele andere Stoffe ein, die sich in unterschiedlichen Konzentrationen in der Luft finden. Räume sollten deshalb oft gelüftet werden, vor allem, wenn neue Teppiche oder neue Möbel die Schadstoffbelastung steigern.

Gehen Sie, so oft es möglich ist, an die frische Luft, wandern Sie am Wochenende in der freien Natur – bei jedem Wetter, und atmen Sie tief ein und aus. Damit verbessern Sie Ihre Sauerstoffversorgung und damit auch Ihren Stoffwechsel.

Es gibt nur wenige Gründe, die Sauna zu meiden. Dazu gehören akute Infektionskrankheiten, Entzündungen der Haut oder innerer Organe sowie akute Herz-Kreislauf-Erkrankungen.

Sauna

In skandinavischen Ländern ist es üblich, mit Geschäftskollegen in die Sauna zu gehen, um wichtige Punkte zu besprechen. Man nutzt also nicht nur die abhärtende Wirkung, sondern auch die entspannende, in der sich Geschäftsabschlüsse angenehmer tätigen lassen.

Der Kalt-warm-Reiz ist ein wunderbares Gefäßtraining, wodurch nicht nur die Durchblutung verbessert wird, sondern auch die Elastizität der Gefäßwände. Ein Organismus, der besser durchblutet wird, funktioniert auch besser.

Kurze Sonnenbäder

Wer die Sonnenstrahlen richtig einzusetzen weiß, der regt damit sein Immunsystem an. Je nach Sonnenintensität sollte man sich nicht länger als 5 bis maximal 15 Minuten der direkten Sonneneinstrahlung aussetzen. Wer mehr auf sich wirken lässt, der strapaziert sein Immunsystem. Das, was in geringen Mengen nützt, dreht sich beim Übertreiben ins Gegenteil um.

Besondere Vorsicht ist im Winter und Frühjahr geboten, wenn die Haut nicht mehr an direkte Sonne gewöhnt ist. Auch akute Infektionen verschlimmern sich häufig nach zu intensiven Sonnenbädern. In diesen Fällen empfiehlt es sich, den Schatten aufzusuchen.

Kinder erreichen schnell sehr hohe Körpertemperaturen. Es sollte daher stündlich Fieber gemessen und die Ursache dafür unbedingt rasch durch einen Arzt geklärt werden.

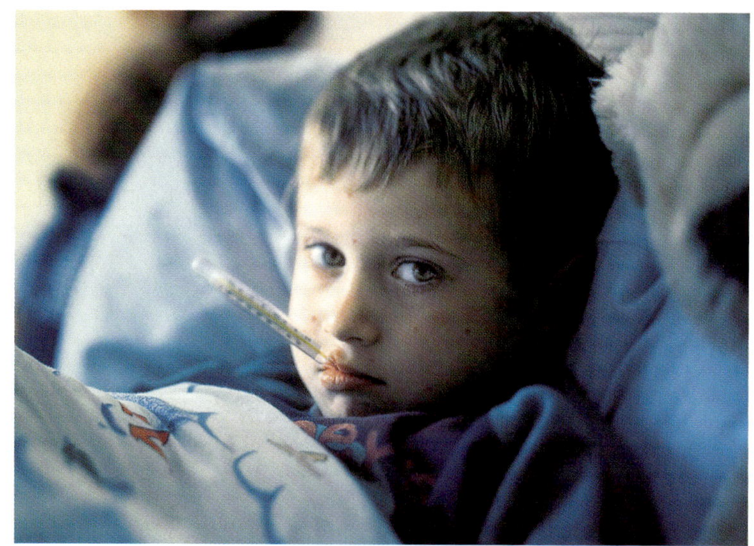

Nur Fieber über 39 °C senken

Fieber erhöht die Stoffwechselgeschwindigkeit und kann somit auch die Immunabwehr verstärken. Deshalb sollte man, wenn man es verträgt, es durchaus bei 39 °C belassen oder höchstens bis auf 38 bis 38,5 °C senken. Dieser Ratschlag gilt aber nur für Herzgesunde.

Bei Kindern oder älteren Menschen können bereits Temperaturen um die 38 °C Kreislaufprobleme wie erhöhten Blutdruck und dergleichen mehr auslösen. Wichtig ist, salzreich zu essen und viel zu trinken, um den Wasserverlust wieder auszugleichen. Auch wenn man nicht schwitzt und die Haut trocken ist, verliert sie Flüssigkeit. Nur merkt man es nicht, weil sie sofort verdunstet.

Fieber ist eine Abwehranstrengung des Körpers, die nicht gleich unterdrückt werden sollte. Absolute Bettruhe ist aber nötig, um den Kreislauf nicht zu überlasten.

Vermuteter Abwehrschub durch Fieber

Interessant sind Beobachtungen von Spontanheilungen bei Krebserkrankungen. Häufig berichten die glücklichen Patienten über eine vorangehende Erkrankung mit hohem Fieber, weshalb hier vermutet werden kann, dass durch die Erhöhung der Körpertemperatur ein Abwehrschub gegen die Krebszellen eingesetzt hat. Bewiesen werden konnte dieser Effekt noch nicht. Vielleicht erfahren wir über dieses Phänomen in den nächsten Jahren mehr.

Öfter mal flott spazieren gehen

Der Mensch ist für die Bewegung angelegt. Deshalb kann ein Mangel an Bewegung uns nicht nur dick werden lassen, sondern auch aufs Gemüt drücken. Darüber hinaus wissen wir heute, dass regelmäßige körperliche Aktivitäten unser Immunsystem unterstützen. Flottes Spazierengehen reicht schon. Übertreiben wir es, z. B. indem wir Marathonstrecken laufen, dann schwächen wir unser Immunsystem. Marathonläufer sind deshalb oft erkältet.

Oft wird über der beruflichen Karriere oder Familienpflichten vergessen, dass jeder Mensch auch noch in ganz privaten Interessen Sinn und Erfüllung finden muss. So kommt es leicht zu seelischen Krisen beim Abschied vom Berufsleben oder wenn Kinder aus dem Haus gehen.

Regelmäßig Sport treiben

Wer noch jung und dynamisch genug ist, kann auch zwei- bis dreimal pro Woche Sport treiben, sei es Joggen, Schwimmen, Aerobic oder dergleichen mehr. Wer seinem Körper dadurch nützen will, der muss unbedingt eine Aufwärmphase von zehn Minuten einhalten und danach ca. 30 bis 40 Minuten aktiv sein, und zum Abschluss muss er nochmals fünf Minuten abkühlen. Wer seine Gelenke, Bandscheiben und Sehnen schonen will, sollte sich vorher fachkundig einweisen lassen, damit er nichts falsch macht.

Langeweile und Leere bekämpfen

Menschen, die extrem viel Arbeit und Stress haben, können nicht verstehen, warum umgekehrt auch Personen ohne Arbeit, Hobby oder Beschäftigung Stress erleiden. Bei beiden Zuständen handelt es sich um Extremformen der menschlichen Betätigung. Wo die einen extrem viel arbeiten, leiden die anderen unter extremer Langeweile.
Unser Organismus ist aber so geschaffen, dass er ein Mittelmaß an Beschäftigung braucht – und sei es auch »nur« ein ausfüllendes Hobby, um in den positiven so genannten Eustress zu geraten. Menschen, denen Arbeit fehlt, leiden oft unter einer Leere und Sinnlosigkeit, die auch stundenlanges Fernsehen nicht ausfüllen kann. Diese Menschen verkrampfen sich genauso wie die Workaholics.
Im Leben ist es deshalb sehr wichtig, einen Job oder anderweitige Herausforderungen zu haben, die einen ausfüllen und mit Erfolg und Freude belohnen. Unter positiver Stimmung werden Hormone – z. B. Beta-Endorphine – produziert, die einen nicht nur glücklich machen, sondern deren heilende und regenerierende Wirkung sich auf den gesamten Organismus auswirkt.

Fettarme Ernährung

Wer seinen Fettkonsum um zehn Prozent pro Tag senkt, dessen Abwehrzellen (natürliche Killerzellen) arbeiten besser. Das Immunsystem dankt es uns also schon, wenn wir statt 50 nur noch 45 Gramm Fett verzehren. Pro Tag mag es wenig erscheinen, aber in der Summe addiert sich auf unserem Gesundheitskonto viel zusammen.

Fünf Gramm pro Tag einzusparen (entspricht einem Teelöffel Öl), bedeutet im Monat 150 Gramm und über das Jahr 1800 Gramm weniger Belastung für den Körper. Wenn man sich über zehn Jahre die Summe von 18 000 Gramm bzw. 18 Kilogramm bewusst macht, dann kann man erahnen, wie die täglichen kleinen Ernährungssünden an unserer Gesundheit über die Jahrzehnte hinweg nagen. Daraus wird ersichtlich, dass man bereits mit wenigen, aber dafür regelmäßigen Änderungen langfristig Entscheidendes bewegen kann, um möglichst lang einen gesunden Körper zu haben.

Sicher gibt es auch in Ihrer Nähe Biobauern, von denen Sie direkt ab Hof saisonales Obst und Gemüse beziehen können. Einige Betriebe arbeiten auch zusammen und bieten wöchentliche Frei-Haus-Lieferungen ihrer Erzeugnisse an.

Ausgewogen und abwechslungsreich essen

Das Risiko, irgendeine Form von Allergie gegen Lebensmittel zu entwickeln, steigt mit der Häufigkeit des Verzehrs. Wer z. B. täglich zwei bis drei Bananen isst und eine Allergieneigung hat, der läuft Gefahr, dass sein Immunsystem rebelliert.

Wer sich hingegen vorwiegend von den Früchten und Gemüsesorten ernährt, die abhängig von der Jahreszeit wachsen, dessen Abwehrsystem hat die Chance, sich von häufig zugeführten antigen wirkenden Nahrungsbestandteilen zu erholen. Gerade Lebensmittelallergien – von wenigen Ausnahmen abgesehen – können sich nach wenigen Monaten wieder zurückbilden. So bietet der saisonale »Fruchtwechsel« für das Immunsystem die notwendigen Pausen. Erdbeeren, die stark allergisierend wirken, sollten deshalb nur zu den Zeiten gegessen werden, in denen sie in unseren Breitengraden wachsen.

Für eine gute Eiweißverdauung sorgen

In der Jugend und bei jungen Erwachsenen ist die Verdauung sehr gut; sie lässt etwa ab dem 40. Lebensjahr nach. Wer die gleichen Mengen Eiweiß weiter isst, wird mit der Zeit ein Eiweißdefizit haben, das der Körper ausgleicht, indem er sich die nötigen Eiweißreserven (Aminosäuren) aus der Muskulatur holt. Das ist mit ein Grund, warum der

älter werdende Mensch immer weniger Muskeln hat. Die Aminosäuren braucht der Körper, um daraus seine Immunzellen und Antikörper sowie Hormone und Botenstoffe zur Steuerung seines Stoffwechsels aufzubauen. Durch die schlechtere Eiweißverdauung scheiden wir also mit der Zeit immer mehr unresorbiertes Eiweiß, das faulend im Darm liegt, aus. Für den Organismus bleibt immer weniger übrig. Mehr Eiweiß zu essen, würde bedeuten, die Menge an Krebs erregenden Fäulnisstoffen im Darm zu erhöhen – bei nur geringer Steigerung der Aufnahme von Aminosäuren.
Besser ist es, die Verdauung zu verbessern und eiweißhaltige Lebensmittel nur dann zu verzehren, wenn die Magensaftproduktion am größten ist, also am Vormittag und Mittag. Unseren Eiweißbedarf sollten wir deshalb bei Frühstück und Mittagessen zu uns nehmen – und nur noch ganz wenig über das Abendessen.

Säure verbessert die Vorverdauung

Die Eiweißvorverdauung können wir verstärken, indem wir nach dem Essen den Saft einer frisch gepressten Zitrone oder ein Glas Wasser mit einem Esslöffel Apfelessig trinken, damit wir auch im Alter mit ausreichend Eiweißbausteinen (Aminosäuren) versorgt sind. Eine Untersuchung an Seniorenheimbewohnern zeigte deutlich: Je höher der Aminosäureanteil und die Vitaminkonzentration im Blut sind, umso länger leben sie. Bei schlechter Verdauung empfiehlt es sich auch, kurzkettige Proteine, die nicht allergen wirken und nahezu vollständig aufgenommen werden, täglich zur Ernährung zu ergänzen.

Eine Darmsanierung zur Stabilisierung des Immunsystems empfiehlt sich besonders dann, wenn man längere Infektionskrankheiten durchgemacht hat und/oder wiederholt Antibiotika einnehmen musste.

Den Darm sanieren

Um ein geschwächtes Immunsystem wieder in Ordnung zu bringen, muss man zuerst den Darm sanieren. Dort sitzen die meisten Immunzellen und sorgen dafür, dass der Austausch zwischen Außen- und Innenwelt richtig funktioniert. Bakterien, Viren und andere Krankheitserreger sowie Lebensmittelantigene müssen davon abgehalten werden, in den Körper einzudringen. Ganz wesentlich für das Funktionieren dieser Grenzüberwachung auf der enorm großen Oberfläche von 200 Quadratmeter ist die Unversehrtheit der Darmschleimhaut und die richtige Zusammensetzung der Darmbakterien. Davon besiedeln ca. 300 bis 400 verschiedene Arten unseren Darm und sorgen dafür, dass fremde Keime sich nicht vermehren können. Wenn die gesunden Bakterien z.B. durch eine antibiotische Therapie zerstört werden, dann können die schlechten Bakterien und Pilze (Candida albicans) wuchern und so die Darmflora empfindlich stören.

Eine gesunde Darmflora trainiert unser Immunsystem, eine kranke strapaziert es. Die Abwehr krank machender Keime funktioniert nicht mehr richtig, die Darmschleimhaut entzündet sich. Es können unkontrolliert antigene Lebensmittelbestandteile in die Blutbahn eindringen und Allergien den Weg bereiten. Nicht umsonst lautet eine alte Volksweisheit: Der Tod sitzt im Darm.

Es lohnt sich, qualitativ hochwertige und frische Lebensmittel einzukaufen – auch wenn man dafür mehr bezahlen muss. Das heißt nicht, dass man immer die äußerlich schönsten Äpfel oder Tomaten wählt, um deren »innere Werte« es oft mager bestellt ist.

Für ausreichend Vitalstoffe sorgen

Ihr Immunsystem kann nur dann seine Leistungsfähigkeit zu 100 Prozent erfüllen, wenn Sie es neben Aminosäuren auch ausreichend mit Vitaminen, Mineralstoffen und Spurenelementen unterstützen. Das ist in der heutigen Zeit schwer geworden, da aktuelle Messungen zeigen, dass der Vitalstoffgehalt unserer Lebensmittel immer mehr abnimmt. Ursache sind Überzüchtung – Größe und optische Schönheit gehen vor Vitalstoffgehalt –, Überdüngung, lange Transportwege und intensive Verarbeitungstechniken. Was auf unserem Teller landet, ernährt uns zwar mit satt machenden Kohlenhydraten und Fetten, aber nicht mehr ausreichend mit Vitalstoffen.

Verschlimmert wird die Situation durch die Umweltbelastungen wie Pestizide und andere Schadstoffe, durch die Einnahme der Antibabypille und anderer Medikamente, durch Rauchen und durch Stress. Dadurch steigt unser Bedarf an Vitalstoffen deutlich an, gleichzeitig jedoch führen wir immer weniger zu. Das Immunsystem wird also verstärkt gefordert, aber auf der anderen Seite zu wenig versorgt.

Ergänzen – aber in mäßigen Dosen

Aber nur ein richtig funktionierendes Immunsystem kann den heutigen Anforderungen gerecht werden, weshalb eine ausreichende Vitalstoffzufuhr enorm wichtig ist. Übertreiben sollte man dennoch nicht. Bleiben Sie bei den einzig sicheren Mengen, das sind die »nutritiven Mengen«. Damit sind Dosierungen gemeint, wie sie in unseren Lebensmitteln auch vorkommen. Derzeit gibt es nur ein Produkt (z.B. in Complen® 3x11), das hierfür empfohlen werden kann.

So sanieren Sie den Darm

- Auf Süßigkeiten verzichten steht an erster Stelle, gefolgt von der Einschränkung des Fleischkonsums.
- Lassen Sie sich von Ihrem Arzt beraten, welche Präparate Sie zum Wiederaufbau einer gesunden Darmflora zusätzlich einnehmen können.
- Es empfiehlt sich, Joghurt und – wer es verträgt – auch rohes Sauerkraut, gut gekaut, zu verzehren.
- Dass sich die Darmflora erholt hat, erkennen Sie daran, dass sich der Stuhlgang wieder normalisiert und die üblen Gerüche verschwinden.

Für ausreichend Schlaf sorgen

Immer mehr wird durch neuere Forschungen deutlich: Zwischen Schlaf und optimaler Immunfunktion besteht eine enge Verbindung. Wenn ein Körper durch Bakterien krank geworden ist, dann werden von den Fresszellen des Immunsystems (Makrophagen) besondere Botenstoffe (Muramylpeptide) ausgeschüttet, nachdem sie ein Bakterium vernichtet haben. Dadurch wird man müde und fällt in Schlaf. In diesem Zustand kann die Immunabwehr bestens funktionieren, weil nur im Schlaf ein optimaler Informationsaustausch zwischen Nerven und Immunsystem ablaufen kann.

Dadurch hat der Körper bessere Möglichkeiten, sich gegen die Krankheitserreger zu wehren. Unter diesen Umständen ist die Einnahme von Medikamenten, um schmerzfrei zu werden und wach zu bleiben, ein schlimmes Vergehen gegen unsere Immunabwehr. Der Gesundungsprozess verzögert sich dadurch.

Der Schlaf ist eine unverzichtbare Regenerationsphase für den Körper. Auf Hochtouren werden die tagsüber verbrauchten Substanzen auf Vorrat produziert und angegriffene Zellen neu aufgebaut oder repariert.

Stress lass nach – aktiv entspannen

Während der Entspannungsphase regeneriert sich unser Körper. Reparaturvorgänge können jetzt ablaufen. Das Immunsystem kann sich erholen. Wer unter Stress steht, hat eine gedrosselte Durchblutung des Verdauungstrakts. Die Versorgung mit Sauerstoff wird auf Gehirn, Herz und Muskulatur konzentriert, eben diejenigen Organe und Gewebe, die für eine Fluchtreaktion gebraucht werden. Diese Reaktionsmuster waren zu Urzeiten wesentlich, um das Überleben – das Weglaufen vor einem wilden Tier oder maximale Leistung im Kampf – zu sichern. Die Verdauung ist in diesem Moment, wo es um Leben oder Tod geht, unwichtig. Die Stressabläufe in unserem Körper sind nach wie vor die gleichen, obwohl wir kaum noch lebensbedrohlichen Situationen ausgesetzt sind.

Autogenes Training ist von den meisten Menschen erlernbar und hat bei regelmäßiger Anwendung messbare Folgen: Es wirkt durchblutungsfördernd und auch blutdrucksenkend.

Dauerstress bedeutet also eine Unterversorgung der Verdauungsorgane und damit auch eine Blockade des Immunsystems. Die wichtigsten und größten Konzentrationen an Abwehrzellen sitzen in der Darmschleimhaut und in deren Abflussgebiet einschließlich der Leber. Entspannung bedeutet deshalb Verbesserung der Durchblutungssituation und damit auch Stärkung unseres Immunsystems.

Entspannungstechnik autogenes Training

Diese Entspannungstechnik hat bereits große Verbreitung gefunden, weil sie insbesondere bei Patienten nach einem Herzinfarkt eingesetzt wird, um den Betroffenen beizubringen, wie man sich entspannen kann. Viele Menschen wissen oft gar nicht mehr, wie sich ein Muskel anfühlt, der völlig entspannt ist. Erst durch Beschwerden, die durch die Dauerverkrampfung wie z. B. im Nackenbereich auftreten, merkt man, dass man bestimmte Muskelgruppen nicht völlig entspannen kann.

Wenn Sie sich für autogenes Training interessieren, sollten Sie zunächst einen einführenden Kurs besuchen, um die Grundtechniken unter fachkundiger Anleitung zu erlernen. Später ist es hervorragend zur Selbstbehandlung geeignet.

Jederzeit durchführbar

Der Weg des autogenen Trainings läuft über die Vorstellungskraft. Man muss sich einzelne Körperteile – linker Arm, dann rechter Arm, linkes Bein, dann rechtes Bein usw. – als schwer vorstellen. Danach stellt man sich Wärme vor. Mit etwas Übung gelingt es tatsächlich, Schwere und Wärme erst in einzelnen Körperteilen, später im ganzen Körper zu spüren. Wer damit umgehen lernt, kann bei Bedarf jederzeit seinen angestrengten Körper in eine wohltuende Entspannung bringen – letztlich mit Hilfe seiner Konzentration und seines Willens.

Die Muskelentspannung nach Jacobson ist auch besonders für intellektgesteuerte Menschen geeignet, denen es schwer fällt, sich in ihren Körper hineinzudenken.

Muskelentspannung nach Jacobson

Das Ziel dieser Methode ist das gleiche wie beim autogenen Training, nur der Weg ist ein anderer. Jacobson entwickelte diese Methode schon 1938, als er feststellte, dass es einem leichter fällt, einen Muskel zu entspannen, nachdem man ihn zunächst kräftig angespannt hat. Der Reihe nach spannt man verschiedene Muskelgruppen für fünf bis sieben Sekunden fest an und lässt dann wieder los. Mit diesem Verfahren spürt jeder, wie sich ein entspannter Muskel anfühlt. Man fängt mit dem rechten Bein an, geht dann zum linken Bein über, weiter zu Becken, Bauch, Nacken, Schulter, Kiefer, Mundpartie, Stirn und Augen. Wer vier Wochen lang durchhält, kann meist damit recht gut umgehen. Es ist für viele leichter zu erlernen als das autogene Training, weil es nicht mit Vorstellungen arbeitet, die vielen Menschen schwer fallen.

Meditation

Es gibt unterschiedliche Arten zu meditieren. Die Zen-Meditation ist die verbreitetste. Das Prinzip ist, Entspannung zu suchen im völligen Loslassen der Gedanken. Als Ungeübter ist es praktisch unmöglich, ohne Gedanken zu sein. Unser Gehirn produziert beständig Erinnerungen, Ideen und Phantasien, die gerade dann umso mehr Raum beanspruchen, je weniger man sie haben will. Deshalb braucht man dafür einen guten Lehrer. Zur Steuerung des Gedankenstroms ist es am Anfang eine Hilfe, sich auf einfache Dinge zu konzentrieren, wie z. B. auf die Atmung, auf einen Ton oder eine Tonfolge oder auch auf ein Gebet, das beständig wiederholt wird. Das beruhigt den Geist und entspannt den Körper. Mit Übung kann man durch zehnminütige Meditation genauso viel Regeneration erreichen wie durch 30 Minuten Tiefschlaf.

Yoga

Immer mehr Menschen in der westlichen Zivilisation suchen Entspannung im Yoga, wobei das eigentliche Ziel das Erreichen eines höheren Bewusstseins ist. Das Ablegen von Stress, das dabei erreicht wird, ist ein Nebenprodukt, aber nicht der eigentliche Sinn von Yoga. Ein Teilbereich ist das Stretching, das heute im Sport sowohl in der Aufwärm- als auch in der Auslaufphase praktiziert wird. Viele Elemente, die wir heute im Hochleistungssport oder selbst in Schönheitsinstituten finden, wurden dem Yoga entnommen.

Yoga ist nicht unbedingt eine komplizierte Akrobatik, die nur äußerst gelenkige Menschen erlernen können. Wirksame Übungen gibt es für jeden Grad körperlicher Wendigkeit und jedes Lebensalter.

Versuchen Sie es doch selbst einmal, indem Sie sich, wenn Sie müde sind, einfach so richtig strecken und dehnen, nach allen Richtungen, so lange, bis Sie das Gefühl haben, jetzt ist es genug. Spüren Sie den Effekt dieser »Frischedusche«? Sie können Sie so oft anwenden, wie Sie wollen. Yogaübungen trainieren auch unsere Muskulatur, so dass wir damit mehr Spannkraft bei gleichzeitiger Entspannung bekommen. Der Ungeübte muss sich allerdings erst langsam an die zum Teil komplizierten Stellungen gewöhnen. Wer es kann, schwört auf die energetisierende und entspannende Wirkung.

Neurolinguistisches Programmieren (NLP)

Diese Art der gezielten Körper- und Geiststeuerung findet immer mehr Anhänger, vor allem unter den Psychologen und den Psychotherapeuten. NLP steht für neurolinguistisches Programmieren. Das Wirkprinzip basiert darauf, dass man das Gehirn wie einen Computer betrachtet, den man steuern und programmieren kann. Wenn ich mich entspannen will, dann brauche ich bei dieser Methode nur an schöne und erfreuliche Dinge zu denken. Sofort ändern sich Gesichtsausdruck und Muskelspannung. Gleichzeitig wird die Hormonproduktion umgestellt – von Stress auf entspannungsfördernde Stoffe.

Je nachdem, wie stark ich mein Immunsystem unterstützen will, kann ich mir einen Film vorstellen, in dem nach meiner Phantasie Immunzellen Kraft sammeln und alle krank machenden Keime und Krebszellen vernichten oder das in Unordnung geratene Immunsystem wieder strukturieren. Wer zu den Menschen gehört, die vorrangig kopfgesteuert handeln, wird sich mit dieser Methode schwer tun. Sie ist hingegen ideal geeignet für Personen, die fähig sind, Visionen zu entwickeln und danach zu handeln.

Fälle aus der Praxis – Patienten mit Allergien

Die folgenden Berichte von Patienten über ihre im Zusammenhang mit einer Lebensmittelunverträglichkeit auftretenden Beschwerden zeigen, dass es sich lohnt, der Ursache der Symptome auf den Grund zu gehen. Die Berichte wurden von Professor Dr. med. Rüdiger von Baehr, Berlin, freundlicherweise in anonymisierter Form zur Verfügung gestellt.

Pollenallergiker müssen auch mit Beschwerden nach dem Verzehren bestimmter Lebensmittel rechnen. Dafür verantwortlich sind so genannte Kreuzreaktionen (siehe Seite 95f.).

Schwellungen nach dem Essen

Eine 29-jährige Patientin (verheiratet, zwei Kinder, Hausfrau) berichtet: »Immer wenn ich rohe Äpfel, Orangen oder gekochten Sellerie esse, bekomme ich schon nach wenigen Minuten ein Brennen im Mund. Dann schwellen die Lippen und auch die Mundschleimhaut an. Nach ungefähr vier bis sechs Stunden ist es wieder weg. Manchmal bekomme ich Angst, wenn die Mundschleimhaut anschwillt, aber es ist nicht so schlimm, dass ich davon keine Luft bekommen würde. Ich habe natürlich die Lebensmittel nicht mehr gegessen, was eine Zeit lang gut ging. Allerdings kommen die Beschwerden seit einigen Monaten immer wieder mal vor, obwohl ich die Lebensmittel weglasse. Ansonsten habe ich seit gut zehn Jahren eine Allergie gegen Birkenpollen.«

Die Diagnose

Im Blut konnte man spezielle Antikörper der Klasse IgE gegen Birkenpollen, Gräser und Sellerie nachweisen. Die Gräserallergie war der Patientin nicht bekannt.

Im vorliegenden Fall handelt es sich um eine so genannte Kreuzreaktion, bei der die Allergie gegen Birken und Gräserpollen mit einer Lebensmittelallergie gegen Äpfel und Sellerie einhergeht. Meist liegen auch noch Kreuzreaktionen gegen Möhren, Tomaten, Haselnüsse und Frischobst vor.

Die Behandlung

- An erster Stelle versuchte man, die Allergie gegen Birkenpollen und Gräser durch eine Desensibilisierung wegzubekommen. Bei der Patientin war aber erst der zweite Therapieversuch erfolgreich.

- Ansonsten wurde der Patientin empfohlen, grundsätzlich auf Fertignahrungsmittel zu verzichten, da die allergieauslösenden Stoffe versteckte Bestandteile davon sein können.
- Sie sollte auch die übrigen Lebensmittel, gegen die Kreuzreaktionen bekannt sind, weglassen.
- Wegen der Gräserallergie schlug man ihr vor, auf Vollkornprodukte zu verzichten, was in diesem Fall angezeigt war.
- Leider ist die gesunde Vollwertkost nicht für jeden Allergiker geeignet. Meist sind die allergieverursachenden Stoffe in der Getreidehülse, so dass Weißmehlprodukte vertragen werden.

Fischallergien können auf bestimmte Fischarten, wie z. B. Salmoniden – Lachs und Forelle – beschränkt bleiben. Die Empfehlung ist hier trotzdem, generell auf Fisch zu verzichten.

Schmerzen und Durchfall nach Fisch

Ein 42-jähriger Mann (verheiratet, Mechaniker) berichtet:
»Als passionierter Angler esse ich gern Fisch. Vor drei Monaten habe ich erstmalig starke Bauchschmerzen und Durchfall bekommen, zwei Stunden nachdem ich gegrillten Lachs gegessen hatte. Ich habe gedacht, dass es wohl eine Fischvergiftung ist. 24 Stunden danach war alles wieder in Ordnung.
Einen Monat später habe ich dann, ohne mir viel dabei zu denken, eine selbst gefangene Forelle gegessen. Dann ist es mir furchtbar schlecht ergangen. Ich habe regelrechte Darmkoliken mit heftigsten Durchfällen gehabt – und dies schon kurze Zeit nach dem Essen. Erbrechen musste ich mich auch. Meine Frau hat sofort den Notarzt geholt. Danach hat es zwei Tage gedauert, bis wieder alles in Ordnung war.
Schließlich habe ich ein drittes Mal vor zwei Wochen Fisch gegessen. Dieses Mal waren die Bauchschmerzen nicht so schlimm, aber dafür hat es mich am ganzen Körper gejuckt. Hautausschlag war keiner zu sehen. Meine Frau meinte, dass es wohl eine Fischallergie sein muss, aber nur gegen bestimmte Arten. Ich habe es mit kleinen Mengen selbst ausprobiert. Hering, Zander und Kabeljau vertrage ich ohne Probleme.«

Die Diagnose

Im Gegensatz zu vielen Lebensmittelallergien ist hier der Auslöser durch die schnelle Reaktion des Körpers schon bekannt und der Nachweis nicht schwer zu erbringen. Es liegt hier eine Soforttypallergie gegen so genannte Salmonidenarten vor, zu denen die Fische Lachs und Forelle gehören.

Die Behandlung

Die Behandlung ist hier ebenso einfach wie die Diagnose: Dem Patienten wurde dringend geraten, auf Lachs und Forelle zu verzichten. Zurückhaltung wurde ihm auch für die übrigen Fischarten empfohlen. Seither ist er wieder beschwerdefrei.

Für einen passionierten Angler mag das zwar ein bitterer Verzicht sein, vom Standpunkt einer ausgewogenen Ernährung her lässt sich mit dieser Einschränkung aber gut leben.

Verschlimmerung eines juckenden Hautekzems

Eine 34-jährige Patientin (ledig, Lehrerin) berichtet:

»Schon seit meiner Kindheit leide ich unter Neurodermitis. Ich habe sie vor allem im Gesicht, an den Ellenbogen- und Kniegelenken. Seit einem halben Jahr wird es immer schlimmer, und ich weiß nicht warum. Eine Lebensmittelallergie ist mir eigentlich nicht bekannt. Ich habe keine Bauchschmerzen oder Schwellungen im Gesicht und an den Lippen. Das Einzige, was ich seit neun Monaten geändert habe, ist meine Ernährung. Ich esse jetzt nur noch Vollkornprodukte, weil ich abnehmen will. Dies ist mir auch gelungen.«

Wenn Vollkornernährung nicht vertragen wird, liegt die Ursache meist in einer Allergie auf Weizen- oder Haferantigene.

Die Diagnose

Die Patientin wurde einem LTT (Lymphozytentransformationstest) unterzogen. Die Untersuchung ergab eine positive Reaktion auf Weizen- und Haferantigen.

Die Behandlung

- Die Patientin verzichtete zwei Monate lang auf Weizen und Haferprodukte, wodurch sich das Hautbild deutlich verbesserte.
- Danach durfte sie erneut ein Müsli essen. Es dauerte 24 Stunden – ein Hinweis auf eine Typ-IV-Reaktion –, bis das Hautekzem wieder stärker wurde und – obwohl sie auf Weizen und Hafer verzichtete – eine Woche lang anhielt.
- Ausgemahlene Mehle wurden von der Patientin gut vertragen. Der allergische Stoff musste also in der Getreidehülse enthalten sein. Vollkornernährung muss nicht für jeden gut sein, obwohl sie für gesunde Menschen sehr empfehlenswert ist. Seit die Patientin auf Vollkornprodukte verzichtet, ist das Ekzem fast völlig abgeheilt.

Muskelschmerzen und lähmende Müdigkeit

Ein 46-jähriger Patient (verheiratet, Büroangestellter, starker Raucher) berichtet:

»Vor zehn Jahren hatte ich einmal eine Allergie gegen das Nickel der Armbanduhr. Seither achte ich darauf, dass keine nickelhaltigen Metalle an meine Haut kommen. Aber seit fünf Jahren habe ich ein stark juckendes Ekzem im Gesicht, an den Händen und Unterarmen.

In letzter Zeit habe ich immer öfter starke Muskelschmerzen und fühle mich extrem müde und erschöpft. Deshalb trinke ich auch große Mengen an schwarzem Tee und Kaffee.

Eine Nahrungsmittelallergie ist mir nicht bekannt, jedenfalls habe ich keine Bauchschmerzen oder Durchfälle.«

Starke Müdigkeit wird nicht immer durch Überarbeitung o. Ä. verursacht. Der Organismus kann sich auf diese Weise auch gegen nicht vertragene Lebensmittel wehren.

Die Diagnose

Sämtliche Testverfahren in Richtung Typ-I-Allergie verliefen ergebnislos. Die Testung der Haut auf Nickel zeigte aber eine dramatische Typ-IV-Reaktion. Nach der Testung erwies sich der Zusammenhang mit den übrigen Beschwerden: Es kam wieder zu den Muskelschmerzen und der Müdigkeit. Das Hautekzem juckte fürchterlich.

Die Behandlung

- Dem Patienten wurde zuallererst dringend geraten, das Rauchen einzustellen, ebenso den Kaffee- und Teekonsum zu reduzieren, was er auch in vorbildlicher Weise durchhielt. Er trank nicht mehr als zwei Tassen Kaffee pro Tag.
- Die entscheidende Verbesserung brachte für ihn die Einhaltung einer nickelarmen Diät. Er verzichtete vier Wochen lang auf Hartkäse, Räucherwaren, Fischkonserven, Schokolade, Kakao, Nougat, Marzipan, Vollkornprodukte, Hülsenfrüchte, Kohlarten, Brokkoli, Spinat, Spargel, Nüsse sowie alkoholische Getränke.
- Die Verbesserung des Ekzems und das Verschwinden der Müdigkeit überzeugte den Patienten so sehr, dass er sich auch weiter an die verordnete Diät hält.

Fazit: Dieser Fall demonstriert überzeugend, dass auch Typ-IV-Reaktionen auf Nahrungsmittelbestandteile mit Hautreaktionen und diffusen Allgemeinbeschwerden einhergehen können, ohne dass dabei Symptome im Bereich des Magen-Darm-Trakts auftreten müssen.

Bildnachweis
Image Bank, München: Titel/Einklinker (Britt Erlanson); Laif, Köln: 52 (Miquel Gonzalez), 66 (Martin Kirchner), 142 (P. Allard/REA), 144 (Manfred Linke), 149 (Regina Bermes); New Eyes, Hamburg: 2 (Wartenberg), 7/Freisteller (OREDIABoccabella), 10 (OREDIA/F. Fabre), 26 (Niehoff), 137 (Lieblinger); Mauritius, Mittenwald: 112, 170 (Pöhlmann); Südwest Verlag, München: Titel/Fond (Dirk Albrecht), 4, 5, 6/Freisteller (Archiv); Superbild, München: 17 (B. I. S. P.); Tony Stone, München: 9 (Andy Sacks), 46 (Charles Thatcher), 84, 155 (Ian O'Leary), 106 (Elie Bernager), 118 (Jon Gray), 164 (Stuart McClymont)

Hinweis
Das vorliegende Buch ist sorgfältig erarbeitet worden. Dennoch erfolgen alle Angaben ohne Gewähr. Weder Autorin noch Verlag können für eventuelle Nachteile oder Schäden, die aus den im Buch gegebenen praktischen Hinweisen resultieren, eine Haftung übernehmen.

Literatur

Janeway, C.A.: Immunologie. Spektrum Akademischer Verlag GmbH. Heidelberg 1995

Jorde, W.: Nahrungsmittelallergie. Dustri-Verlag. München 1991

Lindner, E.: Toxikologie der Nahrungsmittel. Thieme Verlag. Stuttgart 1990

Metcalfe, D. D.: Food allergy – Adverse Reactions to foods and food additives. Sec. ed. Blackwell Science 1997

Rauch-Petz, G. G.: Lebensmittelzusatzstoffe. Alles über E-Nummern und genetisch veränderte Lebensmittel. Südwest Verlag. München 1998

Schedlowski, M.: Psychoneuroimmunologie. Spektrum Akademischer Verlag GmbH. Heidelberg 1996

Schulz, K.-H.: Psychoneuroimmunologie. Verlag Hans Huber. Berlin 1997

Impressum

Dieses Werk ist im Südwest Verlag erschienen.
© 2000 Econ Ullstein List Verlag GmbH & Co. KG, Berlin und München

Alle Rechte vorbehalten. Nachdruck – auch auszugsweise – nur mit Genehmigung des Verlags.

Redaktion: Dr. Marion Onodi, Axel Bahro
Projektleitung: Nicola von Otto
Redaktionsleitung und medizinische Fachberatung: Dr. med. Christiane Lentz
Bildredaktion: Ute Schoenenburg
Produktion: Manfred Metzger (Leitung), Annette Aatz, Dr. Erika Weigele-Ismael
Layout: Wolfgang Lehner
Umschlag: Heinz Kraxenberger, München; Till Eiden
DTP-Produktion: Mihriye Yücel

Printed in Italy

Gedruckt auf chlor- und säurearmem Papier

ISBN 3-517-07822-0

Sachregister

H

I

J

K

L

M

N

O

P

Beschwerdenregister

Lebensmittelregister